가짜 행복 권하는 사회

真正的幸福

〔韩〕金泰亨（김태형） 著

曹红滨 译

中国出版集团
中译出版社

图书在版编目（CIP）数据

真正的幸福 /（韩）金泰亨著；曹红滨译. -- 北京：中译出版社，2023.1
 ISBN 978-7-5001-7217-8

Ⅰ．①真… Ⅱ．①金… ②曹… Ⅲ．①幸福－通俗读物 Ⅳ．①B82-49

中国版本图书馆CIP数据核字（2022）第194120号

가짜 행복 권하는 사회
Copyright © 2019 by 김태형 金泰亨
All rights reserved.
Simplified Chinese copyright © by China Translation & Publishing House
Simplified Chinese language edition is published by arrangement with Galmaenamu through 連亞國際文化傳播公司

图字：01-2022-5694 号

真正的幸福
ZHENZHENG DE XINGFU

出版发行	中译出版社
地　　址	北京市西城区新街口外大街 28 号普天德胜大厦主楼 4 层
电　　话	（010）68359373，68359827（发行部）68357328（编辑部）
邮　　编	100088
电子邮箱	book@ctph.com.cn
网　　址	http://www.ctph.com.cn
出 版 人	乔卫兵
策划编辑	郭宇佳　李　坤
责任编辑	邓　薇
文字编辑	邓　薇　郭宇佳
营销编辑	张　晴　徐　也
封面设计	潘　峰
排　　版	北京竹页文化传媒有限公司
印　　刷	中煤（北京）印务有限公司
经　　销	新华书店
规　　格	880 毫米 ×1230 毫米　1/32
印　　张	7.75
字　　数	154 千字
版　　次	2023 年 1 月第一版
印　　次	2023 年 1 月第一次 印刷

ISBN 978-7-5001-7217-8　定价：59.00 元

版权所有　侵权必究
中译出版社

前　言

迈出通往真正幸福的第一步

自古以来，人类就一直热切地渴望得到幸福，并为创造幸福的世界而坚持不懈地奋斗。从幸福的角度来看，可以说，人类历史就是一段建设幸福社会的艰辛历程。在不幸的泥潭中拼命挣扎的人类，比任何时候更能切身感受到幸福的珍贵，也更加迫切地追求幸福。

此外，精神状况日益恶化以及生活不易，使人们逐渐丧失劳动能力，即丧失生产力。20世纪后半叶，这种生产力低下的状况成为资本主义最头疼的事。通俗来讲，不幸福状况的大范围蔓延及日益严重，导致劳动力受损，进而使资本主义的生财之路受阻。结果是，自20世纪后半叶开始，全世界掀起了一股"幸福热"。变得不幸福的人们，也只能热切地关注着幸福。资本家们也切实感受到，只有让人们摆脱深重的不幸福状态，资本主义才能继续存在，所以他们更加渴望幸福。

当今的资本主义社会掌握在极少数的垄断资本家手中。垄断资本家是资本主义社会的统治阶层，掌控着整个资本主义社会，他们对幸福的关注转变为幸福产业萌生的动力。但"幸福热"和幸福产业严重歪曲了幸福的含义，反而使人们变得更加不幸福。在这个过程中，心理学也有不可推卸的责任。从诞生之日起，美国的主流心理学家们就是垄断资本家们忠实的代言人，在对幸福的研究中，他们出色地扮演了一个反派角色——对垄断资本忠心耿耿，对普通大众坑蒙拐骗。

向着共同幸福的社会前进

当今资本主义世界中，物质主义幸福论占据最高统治地位，是最主流的幸福论。物质主义幸福论宣扬物质或金钱就是幸福。虽然这种幸福论是错误的，但大多数人对此深信不疑，过着全力追逐金钱的生活。当然，心理学也曾委婉地告诫世人，物质主义幸福论是错误的，但它并没有阐明什么是真正的幸福，反而把幸福彻底束缚于利己主义和主观主义的枷锁下，从而导致人们走上了不幸的道路。

韩国社会要尽快摆脱虚假幸福论的束缚，抵制美国心理学，拒绝幸福商贩们荒唐的"幸福处方"，进而迈向真正的幸福。

前　言

在本书中，我不仅讨论既有的幸福论，批判心理学中的伪幸福论，而且同时努力为大家阐明什么才是真正的幸福以及获得幸福的正确方法。心理学主张"幸福几乎完全取决于主观情感"；而我想强调的是，从本质上来说，幸福与否与你所处的环境息息相关。我在书中介绍了幸福的真谛和追求幸福的方法，无论如何，都希望能帮助大家向着幸福更进一步。

我们浩浩荡荡地向着共同幸福的理想前进，虽然此时此刻，我们会经历一时的挫折，但我们前进的步伐势不可当。

社会心理学家　金泰亨

2021 年 3 月 9 日

目　录

第一篇　幸福热

第1章　地球上掀起幸福热　003
人人渴望幸福　003
因为不幸福，所以渴望幸福　005
利用幸福赚钱的人　009
人们争相追逐幸福　013

第2章　韩国社会的潘多拉魔盒　017
自谋生路的社会，人们更迷恋金钱　017
富裕悖论和物质主义幸福论　028
得不到精英阶层的尊重　036

第二篇　伪幸福处方

第 3 章　为什么享乐主义幸福论是无稽之谈　049
我们想象中的幸福　049
为什么快乐≠幸福？　057
亚里士多德的幸福论与现在的心理学　067

第 4 章　心理学提出的幸福谎言　073
只研究个体间幸福差异的心理学　073
每个人获得的幸福是有限的？　082
幸福谎言之"幸福取决于自己的内心"　093
幸福谎言之甜言蜜语"小确幸"　101
伪幸福处方泛滥的心理学　108
心理学能带给人们幸福吗？　120

第三篇　创造真正幸福的社会

第 5 章　真正幸福的条件　127
左右幸福的几个条件　127
共同体能够带给我们的东西　140
所有人幸福，我才能幸福　147
发现生活的意义和价值的方法　157

第 6 章　社会环境对幸福至关重要　169
不平等会破坏幸福　169
社会幸福和个人幸福　175

第四篇 寻找真正的幸福

第 7 章　此时此刻，我们需要真正的幸福论　*183*
　　实现人生目标　*183*
　　有尊严地活着　*188*
　　自由，最大的幸福源泉　*195*
　　创造性活动的作用　*208*

后　　记　实现真正幸福的方法　*217*
尾　注　*225*
参考文献　*237*

第一篇

幸福热

第 1 章
地球上掀起幸福热

人人渴望幸福

人人渴望幸福。人们最殷切的希望便是永远幸福地生活。人们竭尽一生,希望能够远离不幸,永远幸福。这种愿望也经常体现在人们日常的问候中。比如,"新年快乐"的内在含义是希望对方幸福,而"祝您身体健康""祝您幸福"等也是如此。

很久以前,哲学家亚里士多德(Aristotle)就曾说过,"幸福是人生的目的,即人类存在的终极目标。"[1] 哲学家帕斯卡(Pascal)也曾说过,"人人追求幸福,无一例外……幸福是人们一切行为的动机。"[2] 此外,还有很多人强调,幸福是人类追求的终极目标或者说是最终目标。

为了获得幸福,人们努力学习,拼命赚钱,外出旅行。换言之,学习、赚钱和旅行都是获得幸福的手段。然而,人们追求幸福,并不是为了学习、赚钱和旅行。这是因为,幸福无法作为实现其他目标的手段,是真正的终极目标。

我们渴望幸福,最主要的原因是,幸福能够带给我们无数的利益和好处。幸福使我们的人生充满意义和价值,使我们开心快乐,使我们身心健康。幸福还能提高我们的思维能力和创造力,帮助我们走向成功。不仅如此,幸福能使人们变得更讲道德、更加为他人着想,还能引导人们积极参与集体活动,从而推动社会和历史的发展。幸福如此美好,真的会有人不希望得到吗?

人人都开始关注幸福

自古以来,在人类的生活中,幸福就一直扮演着十分重要的角色,但幸福受到如此巨大的关注,始于20世纪后半叶。从那时起,幸福备受瞩目。以联合国为主的许多国际机构和各国政府开始测定幸福指数,以心理学为主的许多学科也针对幸福展开无数的研究。包括美国、英国、法国、澳大利亚在内的全球多个国家设立了官方统计机构,开始调查"国家幸福"水平并定期发布调查报告。[3] 1960年以后,有3 000多篇关于幸福论的原创著作问世[4],到2002年,已发表的幸福相关研究超过了3 000项。[5] 可以说,世界上刮起了一股"幸福热"风。

| 第一篇 |
幸 福 热

那么,从 20 世纪后半叶开始,幸福受到全世界热切关注的原因是什么呢?

因为不幸福,所以渴望幸福

如果说,"幸福热"是人类进入"苦尽甘来"的时代而产生的现象,那该是多么美好的事情。但是,"幸福热"并不是因为人们幸福才产生的,反而是人们的不幸福导致的结果。英国心理学家罗伯特·霍尔登(Robert Holden)在分析了 20 世纪 50 年代以后发表的 500 多篇心理学研究报告后,得出以下结论:

"与过去相比,我们拥有更多的事物和财富,但反而比过去任何时候更加抑郁,更充满暴力倾向、自杀倾向,更有压力。"[6]

与过去相比,今天的人们更加不幸。这一事实,我们只需要了解"二战"后欧洲国家的情形就可得知。与 20 世纪 60 年代相比,欧洲国家的物质生活水平提高了,抑郁症患者的数量却增加了 10 倍,而且患者的年龄也越来越小。[7]

韩国也是如此,今天的韩国人比过去更加富有,却更加不幸福。韩国盖洛普民意调查机构发表的"2015年生活满意度调查"显示,在世界143个国家中,韩国人的生活满意度位于第118位。[8]与年龄无关,大部分韩国人都不幸福。首尔大学幸福研究中心的研究结果表明,在2018年、2019年两年的幸福指数调查中,韩国二三十岁年轻人的得分连续两年倒数第一。[9]可以说,年轻人精力旺盛、对生活充满热情,本应该远离不幸,生活得十分幸福。但是,在韩国,连年轻人也不幸福。

在所谓的发达国家,一般情况下,幸福指数呈"V"字形变化,儿童时期最高,随着年龄的增长逐渐降低,步入晚年后会再次升高。也就是说,童年时很幸福,长大成人、步入社会后幸福感下降,但等到退休后幸福感又重新提升。然而,韩国与其他发达国家不同,儿童跟老年人都不幸福。

在韩国,本应无忧无虑、尽情玩耍、最幸福的儿童们也不幸福。2013年保健福祉部公布的数据显示,在满分100分的情况下,韩国儿童对生活的满意度是60.3分,这在OECD(经合组织)国家中是最低的。而且,2014年,韩国方定焕基金会和延世大学社会学系社会发展研究所针对韩国的儿童、青少年进行了一项调查。在这项名为"儿童和青少年主观幸福指数"的调查中,调查人员调查了韩国小学四年级到高中三年级的6 946名学生。调查结果显示,韩国儿童和青少年

| 第一篇 |
幸　福　热

的幸福指数是 74 分，在 OECD 国家中也是最低的。在开始这项调查后的 6 年时间里，韩国儿童和青少年的幸福指数一直是倒数第一。[10] 与之相伴的是，韩国儿童和青少年承受的学习压力却居世界首位。

韩国的老年人也同样不幸福。他们本应摆脱痛苦难熬的社会生活，享受悠然自得的老年生活。但是，韩国老年人的自杀率（其他年龄段的自杀率也一样）高出其他发达国家老年人的几倍（不久前甚至还是 10 倍）。而韩国 40 多岁成年人的自杀率位居世界首位，[11] 通过这个事实我们可以推测，韩国的成年人也同样不幸福。

越来越不幸福的韩国人

社会日益发展，但韩国人不仅没有获得幸福，反而变得更加不幸福。2019 年联合国公布的《世界幸福报告》中指出，韩国人的幸福水平呈下降趋势，"幸福水平降低、幸福排名停滞，这种情况，不得不让人感到担忧。"[12]

在韩国，精神疾病患者的比率不断上升。通过这一现象，我们也能够得知，韩国人越来越不幸福。我认为，与精神疾病有关的研究，主要依赖于受访者的主观回答，因此，在说明某个社会的幸福水平时，这些研究并不亚于测定幸福指数的研究。"几年前，我患了抑郁症，但是我觉得非常幸福。"正如这句话并不成立一样，精神疾病和幸福很难同时存在。因为，不管怎么样，精神疾病会使人痛苦。

2016年，韩国有643 150名抑郁症患者，到2019年，抑郁症患者激增为798 427名。[13]精神疾病患者人数持续快速的增长趋势明显说明，韩国人越来越不幸福。

正如目前为止大家所看到的，相较于过去，在物质层面上，人类更加富有，但人们不仅不幸福，反而比以往更加不幸福。而这种不幸福的产物便是"幸福热"。经济学家李正典①曾说过，"幸福研究势不可当的趋势从反面验证了，在发达国家的社会中出现了一些根本性的错误。"[14]我在《痴迷于财富的社会》一书中曾详细论证过，所谓的发达国家，虽然在物质方面非常富裕，但其社会两极分化严重，所以相较于过去，人们更加不幸福。

人人都希望获得幸福。道理虽然如此，但人们并不是一直关注着幸福。心脏对人来说非常重要，这是人尽皆知的事实。但是，人们平时几乎从不关心心脏是否在正常跳动、心跳速率是多少。只有当心脏出现问题时，人们才开始关心自己的心脏。同样地，在幸福亮起红灯的时候，人们才再次关注幸福。由此可知，席卷全球的"幸福热"反映的是不幸福的现实生活，即人类集体性的、社会性的不幸福。

---

① 韩国经济学家，代表作有《市场是正义的吗？》等。——译者注

| 第一篇 |
| 幸福热 |

利用幸福赚钱的人

今天的"幸福热",不仅反映了人们的不幸福,也反映了资产阶级的需求。在当今资本主义社会中,垄断资产阶级控制着政权和生产资料等社会各个领域。为了维持资本主义制度,他们不断宣扬有关资本主义的思想理论。同时,在新的历史时期和社会环境下,垄断资产阶级为了追求垄断利润,往往会提出新的社会话题并加以利用,以求开辟新的市场。因此,在21世纪来临之际,出现了所谓的"治愈产业"和"幸福产业"。那么,垄断资产阶级为什么开发"幸福产业"这个新的市场领域呢?

∶为什么开发"幸福产业"?

第一,因为劳动力的枯竭。就像房客努力工作,房东才能收到房租一样,只有工人们努力工作,资本家才能获得利润。在早期资本主义社会里,资本家通过延长工人的工作时间、减少工人工资的方式来获得利润,这最终导致工人由于过度疲劳而无法正常工作,也导致劳动力无法再生产。

劳动力是财富的源泉。劳动力的枯竭使资本家意识到,必须解决劳动力过劳的问题。因此,从19世纪开始,在资本主义社会中,学术界开始大量研究报道关于缓解疲劳的实验和利用人体工程学原理消除疲劳的方法。与此同时,社会上也爆发了大量的工人运动和社会主义运动,以此来反抗资产阶级,反对资本主义制度。

虽然工人的抗议对资产阶级造成了一定的影响,但工人由于过劳导致劳动力丧失进而使资本家获得的利润减少,才使得资产阶级在保障劳动三权(劳动者的团结权、团体交涉权、团体行动权)和引入社会福利制度等方面做出了让步。工人在疲劳缓解后,能够全身心投入工作,资产阶级也能够再次获得利润。20世纪40年代到70年代之所以被称为资本主义的黄金时期,也与此有着密切的关系。

从20世纪80年代开始,在资本主义国家中,以工人运动为代表的进步运动逐渐衰退。对资产阶级来说,他们迎来了自己的春天,他们不再担心工人罢工或爆发社会主义革命。资本家积极地向全世界宣扬新自由主义的思想观念,特别热衷于扩大工人之间的收入差距,以此来离间工人之间的关系。结果,原本团结一致的工人阶级内部出现了等级分化,工人们开始相互疏远,个人间竞争的激化导致整个工人团体一盘散沙。[15]

孤掌难鸣的工人们变得孤单无力,资本家满怀期待地准备大赚一笔。实际上,他们蛮横地搜刮钱财已经使世界成为一个穷富对比为99∶1的社会,资产阶级真是开辟了一个"天上掉钱"的世外桃源。

| 第一篇 |

幸 福 热

出乎意料的是,工人精神健康恶化导致的生产效率低下却阻碍了资本家的财路,这是资产阶级完全未曾预料到的、过去未曾出现过的问题。现在,工人虽然不会罢工,但动不动就缺勤、早退,加之备受精神疾病的折磨,经常有气无力、无精打采。这样的工人自然无法正常工作。有句话说得好,"现在对劳动的抵制,已经不是统一的呼声和公然的反抗,取而代之的是工人心不在焉和不健康的状态。"[16]工人孤单、无力、精神衰弱,他们虽然不能像过去一样公然地反抗资本家,但在无意识中也开始了自己的反抗。站在资产阶级的立场来看,通过武力镇压,原本团结一心的工人变得支离破碎;形单影只的工人已不足为惧,但这又引发了新的问题——工人由于过于虚弱而无法正常工作。

工人无法正常工作,资本家的财路自然会受影响。况且,从20世纪后半叶开始,体力劳动的比重逐渐降低,精神劳动和情感劳动的比重开始增加。与单纯的体力劳动相比,销售创意、经验、服务的商业领域对劳动者的幸福感和奉献精神要求更高。也就是说,劳动者的精神状况和幸福指数对资本家来说越来越重要。与过去相比,资本家更需要工人的热情活力,假如工人的热情活力枯竭,那么资产阶级会陷入极大的困境。关于这一点,心理学家威廉·戴维斯(William Davis)在《幸福产业》一书中这样写道:

"20世纪90年代初……至少在自由的西欧,假如热情和活力的匮乏很快成为资本主义最大的威胁,那我们应该怎么办?……最近几年,管理层和政策制定人员深深地陷入上述恐惧,这也并非杞人忧天。"[17]

如果工人动不动就缺勤、早退,精神恍惚、无法集中精力,老是犯错,一点儿创意也没有,这些问题应该怎么解决呢?虽然对无法集中精力工作的工人采取暴力手段,确实能够让他们在短时间内集中精力,但很有可能导致工人精神状况恶化并最终完全丧失劳动能力。资本家为了获得利润,无论如何也要解决这些问题,最终无可奈何地开始处理员工幸福方面的问题,如在公司里配备心理咨询师。最近,越来越多的公司新设了"首席幸福官"(chief happiness officer)的职位。例如,谷歌为了照顾员工的情绪新设立了一个职位,叫作"有趣的好朋友"(jolly good fellow)。

现在,资本主义国家在精神疾病治疗方面支出的费用非常高,占整个GDP(国内生产总值)的3%—4%。这远远高出犯罪带来的经济损失,而且在今后20年内,这个数值可能会增加到现在的2倍。精神疾病、不幸福以及由此引发的生产力低下已经成为资本主义社会最大的难题,甚至世界经济论坛也对人们的精神健康和幸福给予极大的关心。

事实上,资本主义国家的掌权者们也好,国际机构的负

| 第一篇 |
幸　福　热

责人也好，他们高呼幸福、健康生活、品质人生，并不是因为他们关心普通民众的幸福（当然并不是说一丁点儿也不关心），而是因为工人能否感到幸福直接影响着资本家能否获得利润。劳动者由于精神健康状况恶化而无法正常工作，给资产阶级及他们掌权的政府带来了莫大的损失。这种损失的出现，使现在资本主义国家的健康生活产业和幸福产业如雨后春笋般展现出勃勃生机。

资产阶级开创幸福产业的第二个原因是，资本家同样感到不幸。一些资本家或精英阶层能够在资产阶级激烈的竞争中生存下来并取得胜利，但这并不是说，他们精神状况良好，生活得很幸福。对身处激烈竞争中的企业家而言，"职业倦怠综合征"（burnout syndrome）是常见的，这会增加心肌梗死、中风、神经衰弱的发病率。我们会在后续的讨论中了解到，资产阶级因为其阶级本性而无法得到真正的幸福。虽然他们处于社会的上流阶层，但他们同样无法感受到幸福，因此资产阶级也不得不关心如何追求幸福。

人们争相追逐幸福

如今，幸福已被资本家"俘虏"，沦为新的营利工具，激发个人之间的竞争。在 21 世纪,"尊重焦虑"(即"可能遭受无视的恐惧")这一社会现象极为严重[18],生活在这样的社会里,如果不能随时确认自己比其他人更优秀、生活得更好,有些人就会陷入不安。因为不领先就意味着落后,这样的话,就很有可能得不到他人的尊重或者遭到无视。在这种情况下,"我"比别人更幸福意味着"我"比别人更优秀、生活得更好。"我"比别人更幸福,是"我"在与别人的竞争中获胜的证据,不仅令"我"有安全感,还能让"我"从优越感中获得快乐。

所谓争相追逐幸福,并不能让所有人都幸福。这是一种新型利己主义催生的竞争,其目的是"我"比别人更幸福。在争相追逐幸福的过程中,人们不仅不希望别人幸福,甚至会因别人幸福而感到恐慌。人们觉得只有自己幸福、其他人都不幸福,或者至少"我"比其他人更幸福才可以。人们在生活中不停地与别人比较谁更幸福,害怕被别人嘲笑:"你说你不幸福?你真失败!"因此,人们备受"必须幸福"这一强迫观念的煎熬。

争相追逐幸福使人们不得不为了幸福奋斗,不仅将幸福变成所有人至高无上的课题,还使人变得必须向别人炫耀自己的幸福。究其原因,个人主义会让人觉得——"我自己幸福又怎样?别人都不知道,不是一点儿用也没有嘛!"因此,人们去旅游或者吃大餐的时候,热衷于拍照发朋友圈,这样的行为隐含着人们想向别人炫耀幸福的心理:"我过得这么幸福!你们羡慕吧?"

| 第一篇 |
幸 福 热

争相追逐幸福的情况愈演愈烈,使人们即使不怎么幸福也会装作很幸福。人们戴着"面具"生活,虽然实际上并不幸福,在别人面前却表现得好像没有任何问题,非常幸福。这种行为被称为"隐匿性抑郁"(masked depression)。现在,很多人抱怨,"好像除了我,大家都生活得很幸福",但实际上这并不是因为所有人都很幸福,而是因为大家在其他人面前假装很幸福。生活在这种社会里,连说一句"我不幸福,我很不幸"都深感压力。

⋮ 贫富不均的社会落下的阴影

现在的人们并不幸福,但是由于争相追逐幸福,迫于社会的压力,人们只能表现得很幸福,而不能让别人知道自己不幸福。劳动人民生活得不幸福,无法正常工作,这阻碍了资产阶级的财路。资本家对激烈的竞争感到厌倦,也开始关注幸福。这些因素共同作用的产物,便是"幸福热"、幸福内卷和幸福产业。

幸福产业一开始盈利,幸福顾问们就如雨后春笋般出现,开始向人们兜售幸福秘诀。他们向资本家们介绍修身养性和鼓舞员工士气的方法,赚了资本家大把的钱;向劳动人民介绍找回工作热情的方法,向失业者介绍情绪转换的方法或者劝导他们积极乐观地看待生活,赚了劳动人民的钱。当然,"幸福热"和幸福产业在一定程度上也有积极的一面。有一点却没有改变,那就是"幸福热"和幸福产业是贫富不均的社会落下的阴影,它们使人们更加不幸福。

第 2 章
韩国社会的潘多拉魔盒

自谋生路的社会,人们更迷恋金钱

虽然幸福学家或心理学家并不主张,但包括韩国人在内,很多人坚信一种幸福论,那就是物质主义幸福论。通俗来讲,所谓物质主义幸福论,就是相信金钱能对幸福产生最大的影响,进而相信金钱就是幸福。

关于幸福的无数研究表明,金钱在一定程度上会对幸福产生影响,但是其影响力并不大,也就是说,"金钱就是幸福"是一种没有科学依据的错误认识。一些介绍幸福的书籍中,也有很多对读者的劝告,如"并不是赚得越多,越幸福","对金钱过于执着,会变得更加不幸"。但即便如此,还是有很多韩国人坚信物质主义幸福论,他们认为"书上的话不过是一些迂腐的学者说的废话，他们天天埋头于书桌，不懂人情世故，只懂得随便写点文章"。对于这种现象，美国喜剧演员丹尼尔·托什（Daniel Tosh）讽刺道：

"'钱买不到幸福。'嗯，你生活在美国吗？"[19]

"你认为人生最大的目标是物质生活的富裕吗？"对这一问题，包含韩国在内的一些国家，回答"是"的受访者占比最高。比起其他国家那些忍饥挨饿、生活艰难的人们，韩国人更加重视金钱。[20] 2006年，韩国针对工薪阶层进行了一项调查，调查问卷中有一项是"幸福的生活最需要什么"，受访者的回答按比例由高到低分别是经济宽裕（45.4%）、身体健康（40.4%）、家庭和睦（30.9%）、工作顺利（26.4%）。[21] 这项调查也同样表明，大多数韩国人相信，金钱能对幸福产生最大的影响。

┆ 相信"金钱就是幸福"

大多数韩国人相信"金钱就是幸福"，因此无法摆脱对金钱抱有执念的病态生活。但是，韩国人并不是自小就相信物质主义幸福论的。2010年，韩国政府以小学四年级到高中三年级的儿童和青少年为对象，进行了一项名为"大韩民国青少年幸福度"的问卷调查。问卷中有一项是"为了获得幸福，人生中

| 第一篇 |

幸　福　热

最需要什么？"对于这一问题，小学四年级学生的答案中"家人"占比最大，但是高中三年级学生的答案中"金钱"占比最大。[22] 由此可知，随着与社会接触，韩国人逐渐开始相信物质主义幸福论。通过这一现象，我们能够得出一种推论：韩国社会会使人一步步相信物质主义幸福论。如果这一推论是正确的，那么在社会制度方面与韩国相差很大的国家中，人们大多不相信物质主义幸福论。事实果真如此吗？

《假如生活在幸福的国度，我也会幸福吗？》一书中写道，作者问韩国明洞大街上的人们："物质财富，比如金钱或者高级轿车，对你有什么意义？"人们回答道：

"说实话，我觉得钱越多越好。钱多了，能做的事就多了，也不用看人脸色，不是吗？钱嘛，赚得越多越好。"

"在韩国，没钱的话，就只能受罪，活着也没什么意思。……我想创业，然后大赚一笔。"

"名车豪宅吗？我应该非常想要吧？（哈哈）以后，结了婚，有了自己的家庭，我想住豪宅，开豪车。因为那样好像很幸福。"[23]

明洞大街上的大多数人都认为，金钱或者富裕的物质生活很重要，而且相信这些东西对幸福有极大的影响。但是，与韩国的社会制度有很大差异的国家，特别是幸福度排名靠前的国家，那里的人们，对刚才的问题是这样回答的：

"物质财富没什么意义。……金钱只会使人堕落。"（冰岛）

"……即使生活得不富裕，但现在能够跟家人生活在一起，我就很满足了。对我而言，金钱并没有多大的意义。"（瓦努阿图）

"当然，钱真的很重要。因为有钱才能做自己想做的事。但是，比起钱，我觉得更重要的是社会关系。"（丹麦）[24]

"自谋出路"的社会，指的是每个人要为自己的生存负责的社会。也就是说，在共同体解体后，人们为了在激烈的社会竞争中生存下去而必须孤军奋战的社会。在这样的社会中，"金钱就是幸福"这一物质主义幸福论占据了统治地位。正如我在《痴迷于财富的社会》中提到的，"赚不到钱就无法生存"，"是否有钱是评判他人价值的标准，没钱就会遭到歧视甚至被无视"。生活在这种社会中的人们，倍受"生存焦虑"和"尊重焦虑"的折磨。最终人们相信，"如果没有钱，就无法脱离苦难"，"只有多赚钱，才能受到尊重，活得才有尊严"。生活在这种社会里的人们，如果对他们说金钱和幸福没什么关系，那就很有可能受到他们的当面反驳——"你在韩国生活吗？"相反地，在集体主义理念占主导地位、国家或者集体对个人的生

| 第一篇 |
幸 福 热

存负责的社会中,在集体制度完善、合作共存多于激烈竞争的社会中,物质主义幸福论便很难占据主导地位。一个在丹麦生活了12年的美国人,这样说道:

> "大多数美国人都是物质主义者。我们相信成功就是有钱,幸福可以用钱买到。所以美国人成功后,会买名车、豪宅。但是丹麦人不这样,他们不是物质主义者。即使我在这里背着名牌包,也没有人羡慕。我丈夫是丹麦人,和他一起生活,我要是还想通过金钱获得幸福,那就真是白费力气了。"[25]

在北欧式社会制度下,人们即使赚不到很多钱,国家(如丹麦)也会在很大程度上对个人的生存负责。各种职业之间的收入差距并不大,人们几乎不会按照金钱来评判他人的价值,人们也不会因为没钱而遭到歧视或被无视。简而言之,在丹麦,"生存焦虑"和"尊重焦虑"并不严重。因此,在冰岛和丹麦等实行北欧式社会制度的国家以及瓦努阿图[26]等集体制度健全的国家,人们并不相信物质主义幸福论。

从根本上来说,物质主义幸福论是一种错误的、荒唐的幸福论。但是,生活在不同社会制度下的人们,对金钱是否影响幸福持不同的观点。在韩国和美国等实行新自由主义社会制度的国家中,金钱对幸福产生的巨大影响(后文会详细介绍,但严格来说，金钱本身并不会对幸福产生影响）使得物质主义幸福论甚嚣尘上。相反地，在实行北欧式社会制度的国家或者集体制度健全的国家中，金钱几乎不会对幸福产生影响，因此物质主义幸福论便无法占据主导地位。

幸福论也赶潮流

以前，物质主义幸福论是一种非主流的幸福论，并非家喻户晓，现在却成了人们耳熟能详的主流幸福论。通过这一事实，我们也可以了解到，人们对物质主义幸福论的信任度随着社会制度的不同而发生变化。思想或理论会在特定的时代和特定的社会背景下形成并发展。超越时间、超越社会的思想或理论是无法存在的。

例如，在中世纪的西欧，宗教束缚着人们的思想，这一时期符合宗教世界观的理论比较盛行。但在宗教改革时期，以人为中心的思想成为主流思想，符合这种世界观的理论就变得比较盛行。

幸福论也是如此。中世纪，宗教一手遮天，那时当然流行宗教幸福论。宗教幸福论的核心思想是禁欲主义。宗教劝说人们断绝欲念，最终目的是强迫人们放弃现世的幸福。"从根本上说，中世纪充斥着救赎才是幸福的思想，但这种幸福只存在于天堂。"[27]正如法国哲学家米歇尔·福柯（Michel Faucheux）这句话所说，中世纪的宗教向人们宣扬：人生在世，不要妄想享受幸福。中世纪的人们，特别是西方人，受到当时流行的宗教幸福论的影响，大多过着禁欲生活，为了来世能够享受幸福，他们欣然接受现世的不幸。

启蒙运动时期，为了使人们摆脱宗教的束缚，社会上掀起了一种新思潮：幸福并不是神明赐予的，而是人类通过自身的努力获得的。启蒙思想家主张，面对不幸，人类不能坐以待毙。换句话说，人类不能向不幸福屈服。按照启蒙主义的思想，人类应该从自身寻找不幸福的原因，然后通过努力来追求现世的幸福。也就是说，我们要相信并积极追求现世的幸福。但是，启蒙运动时期的幸福论也有自身的局限，那便是只停留在个人主义幸福论这一阶段。

人类热切渴望理想社会

资本主义社会一登上人类历史的舞台，工人阶级反对阶级压迫和剥削的斗争就开始出现。在这一过程中，集体主义幸福论开始流行，其重点是在现实生活中实现理想社会。换句话说，在这一过程中，个人主义幸福论已经不再盛行，取而代之的是集体主义幸福论得到广泛传播。每个人不再仅仅通过自身的努力争取自身幸福，而是所有人同心协力共建理想的社会、共同追求幸福。从19世纪开始，众多思想家受"如果不能共同幸福，谁也无法获得幸福"这一集体主义思想的影响，沉浸于"建设人人幸福的理想社会"这一美好愿景中。法国大革命后制定的

《人权宣言》中提到的"社会的目标是实现共同幸福"[28]，便体现了这一集体主义幸福论，而卡尔·马克思（Karl Marx）和弗里德里希·恩格斯（Friedrich Engels）的社会主义理论使其达到巅峰。

自古至今，人类一直梦想拥有人人幸福的理想社会。奥地利哲学家格奥尔格·苏尔特哈默（Georg Schildhammer）说："憧憬完美的幸福是人的本性。"[29] 同时他还主张，人类不可能放弃对理想社会的追求。同样，福柯也曾说过类似的话：

> "从法国大革命时期开始，一直到今天，法国人为同样的欲望所控制。那便是通过政治手段确保人民幸福，严格奉行人人平等的原则，并在此基础上，成立联合机构，提高未来生活的质量。"[30]

和法国人一样，韩国人也梦想拥有人人平等、和睦生活的理想社会——"大同世界"，并为了这个梦想而坚持不懈地奋斗。人们认为，理想社会代表着幸福，所以，既然人们无法放弃幸福，那么对理想社会的憧憬也绝不会消失。因此，人们心中仍然怀揣着对理想社会的热切渴望，而这种热切渴望终有一天会重新焕发生机。

自20世纪末开始，集体主义幸福论式微，大多数人为失败主义思想所挟持，认为在现实世界中不可能实现理想社会。

| 第一篇 |
幸　福　热

东欧社会主义阵营的崩溃和超级大国美国的崛起，拉开了新自由主义统治全球的序幕，给人类留下了严重的心里阴影。

20世纪80年代以后，美国作为独一无二的超级大国，在全世界强制推行新自由主义意识形态，自此，人们对通过政治运动建设理想社会的热切渴望便销声匿迹。与此同时，社会上出现了一种现象，人们渐渐地不再关心集体和政治，却日益关心自己的幸福。有学者对加利福尼亚大学洛杉矶分校的新生做了一项调查，调查结果显示，在1966年，60%的新生认为关心政治是必须的或是很重要的。但是到了1995年，不到30%的新生认为关心政治是重要的，大约只有20%的学生认为参与集体活动是重要的。此外，在1966年，有44%的学生认为优质的生活是必须的或是非常重要的，但到了1998年这个比例上升到75%。[31]

只重视个人幸福的时代

最初，自由主义是一种进步的政治理念，力图使个人摆脱宗教和身份的束缚。换言之，自由主义这一理念原本只是为了争取人权和政治参与权，而不是反对集体主义的幸福。更确切地说，自由主义曾为了实现集体幸福，主张脱离宗教或封建统治以获得自由。但是，新自由主义奇怪地偏离了传统自由主义的轨道。在新自由主义时代，垄断资本家们要求自由，反对国家的干涉和限制，进而追求无穷无尽的利润。也就是说，在垄断资本家们尽情追求利润的道路上,国家或社会的各种限制和规定成了他们的绊脚石,因此,垄断资本家们主张自由,希望能够清除这些绊脚石。例如,废除限制CEO(首席执行官)个人收入上限的法律或者将国营转为私营,这样的呼声日益高涨。

新自由主义代表着垄断资本家独享的自由,即少数人的自由。新自由主义敌视国家或集体,将它们看作实现个人自由的障碍。如果说国家或集体是干涉人生活、折磨人的恶魔,那么人们只有摆脱集体的干涉,追求彻底的个人主义,才能获得自由和幸福。20世纪后期开始,敌视集体主义的新自由主义思想成为支配性的理念,并在全世界传播之后,个人主义幸福论随之变得非常流行。换言之,人们不再相信集体主义幸福论,不再追求"所有人幸福我才能幸福"的理想社会,转而相信个人主义幸福论,认为"我的幸福由我做主,所以,集体或政治什么的都不重要,只要不妨碍我就可以"。于是,个人主义幸福论便成为主流幸福论。苏尔特哈默对新自由主义宣扬的个人主义幸福论做了如下概括:"对自由主义者而言,幸福可以在自己的主导下自动实现,外部制约最少的地方,这种幸福最容易实现。"[32]

"人们赞颂和信仰个人主义幸福,从根本上来说是因为对社会感到失望。"[33] "如今,唯一能够获得幸福的方式是,摆脱社会制度的束缚,让自己得到满足,即使这种满足是物质享

| 第一篇 |
幸　福　热

乐也无所谓。"³⁴ 正如福柯所言，现在流行的幸福论是以享乐主义为基础的个人主义幸福论。不管是快乐，还是金钱，个人主义幸福论追求的是"我的幸福""只有我自己幸福""我先幸福"，或者是"我比别人更幸福"。福柯提出一个问题："是否我们已经迎来了意识形态崩溃的时代，曾经失去的道德律正逐渐回到我们的生活中？"对于赞扬从细微之处感受幸福的现象，福柯说道：

"因此，要想获得幸福，就要懂得果断放弃各种不切实际的希望；要懂得真正地依靠自己，放眼当下，不忘初心；要学会辨别真正重要的东西和不重要的东西。"³⁵

世俗的物质主义幸福论认为金钱就是幸福，这与集体主义幸福论是背道而驰的，与享乐主义幸福论却宛如手足。因为无论是物质主义幸福论还是享乐主义幸福论，归根结底都是个人主义幸福论。同理，如今流行的幸福论，在心理学领域是享乐主义幸福论，在世俗领域是物质主义幸福论。享乐主义幸福论和个人主义幸福论是心理学的主流学说，关于它们，我将在第二篇做详细介绍。

富裕悖论和物质主义幸福论

物质主义幸福论是错误的、荒唐的幸福论，金钱并不意味着幸福。"富裕悖论"为这种主张提供了坚强的后盾。所谓富裕悖论，指的是社会物质层面的富裕并没有使人们获得幸福，反而让人变得更加不幸福。

过去数十年间，美国的 GDP 稳步增长，物质生活水平也持续提高。但是，美国人不仅不幸福，反而精神健康受损，变得更加不幸福。芝加哥大学全国舆论调查总部的调查显示，在美国，认为自己"非常幸福"的人所占比例持续减少。1945 年到 1991 年的 45 年间，美国人的实际收入增长了约 2.5 倍；但同一时期，美国人的平均幸福指数反而下降了。[36] 具体来说，这段时间，越来越少的人认为婚姻生活非常幸福，越来越少的人对职场生活和居住环境非常满意。[37]

到了 20 世纪 90 年代，尽管经济蓬勃发展，但与幸福相关的各种社会指标仍然呈下降趋势。1996 年美国进行的一项民意调查中，有一半以上的美国人表示，跟自己父母成长的时期相比，现在的世界更不友好。正如前面提到的，第二次世界大战以后，西欧主要发达国家的经济持续增长，抑郁症患者的比率却增加了10倍。[38] 这也从侧面证实了富裕悖论。面对这样的情形，2007年诺贝尔和平奖得主、美国前副总统阿尔·戈尔（Al Gore）感叹道："物质上的富裕达到了有史以来的顶点，但感到人生虚无的人也是史上最多。"[39]

通过不同国家之间的比较，我们也能够了解到，有钱并不代表幸福。假如说金钱对幸福有绝对的影响，那么贫困国家的幸福指数理应明显低于富裕国家的。但是，人均GDP不足10 000美元的第三世界国家（如墨西哥、印度尼西亚、哥伦比亚等）的幸福指数比英国的或法国的还要高。古巴的幸福指数也与美国的差不多。

由此可知，GDP增加或者经济增长与幸福并不成正比。这表明，金钱或物质上的富裕对幸福的影响并不大。

⋮ 月收入430万韩元：幸福的转折点

富裕悖论也适用于个人吗？换句话说，人人富裕后，人们不仅不会更幸福，反而会更不幸福吗？虽然金钱对幸福的影响并不大，但至少在韩国这种资本主义国家，金钱的影响力不容忽视。

许多研究人员对收入水平和健康之间的关系进行过研究，众多研究结果表明，在贫困的发展中国家，提高收入水平对延长平均寿命有显著的帮助。相反，在发达国家，健康却深受非经济因素的影响。[40] 这些研究指出，收入水平（金钱）对发展中国家人们的幸福水平有很大的影响，但对发达国家人们的幸福水平没有太大的影响。就同一国家而言,金钱对穷人的幸福有很大的影响,但对有钱人的幸福几乎没有影响。事实果真如此吗?从结论上来看,穷人的幸福指数会随收入水平的提高而提高,有钱人却并非如此。

以 10 000[①]—15 000 美元(约合人民币 101 022 元)的个人收入水平为分界线,低于这个收入水平时,收入增加,个人的幸福指数也会大幅度升高;但是超过这个收入水平,即使收入增加,个人的幸福指数也基本上不会升高。经济学家罗纳德·英格尔哈特(Ronald Inglehart)把这种现象解释为经济发展的效用递减定律,把随着收入增加幸福指数不再升高的临界点称为"拐点"(decoupling point)。经济学家理查德·莱亚德(Richard Layard)把英格尔哈特的拐点称为"饱和点"(satiation point),他主张,金钱的饱和点是年收入 15 000—20 000 美元(约合人民币 134 696 元)。也就是说,个人收入水平由 15 000 美元增加到 20 000 美元的过程中,人们会变得越来越幸福,但达到 20 000 美元后,即使收入继续增加,人们也不会更幸福或者是只能再稍微幸福一点点。

考虑到物价上涨率,根据这些研究,韩国的收入拐点或饱和点是年薪 2 500 万—4 500 万韩元[②]。[41]但有一个很奇怪的现象,

---

① 约合人民币 67 348 元,汇率采用 2022 年 5 月 10 日美元兑在岸人民币汇率收盘价 1∶6.7348。数据来源:新浪财经。下同。——编者注
② 约合人民币 132 500—238 500 元,汇率采用 2022 年 5 月 10 日韩元兑在岸人民币汇率收盘价 1∶0.0053。——编者注

| 第一篇 |
幸 福 热

在其他国家,即使超过拐点,随着收入的增加,幸福水平也会稍微提高。但是,在韩国,超过拐点后,幸福水平反而会下降。

KBS①曾播出过一个纪录片,纪录片中针对收入对幸福产生的影响做了一项调查,调查结果显示,对韩国人而言,月收入 430 万韩元(约合人民币 22 790 元)是收入拐点。但是月收入超过 430 万韩元后,收入越高,韩国人的幸福水平反而越低。[42]《每日经济》进行了一项关于"幸福条件"的调查,调查结果显示,韩国的有钱人也不太幸福。这项调查的受访人表示,假如以 10 分制来评判他们的幸福感,他们的平均得分是 5.99 分。然而,家庭月平均收入不足 100 万韩元(约合人民币 5 300 元)的人们的是 2.23 分,月收入 700 万韩元(约合人民币 37 100 元)以上的人们的是 2.22 分,基本上没有差别。[43]

在韩国,月收入超过 430 万韩元后,幸福感之所以会下降,最大的原因是月收入达到 430 万韩元以上并不容易。金领们为了月收入超过 430 万韩元,经常会牺牲睡眠、娱乐、运动、陪伴家人的时间以及自己的友情、爱情、健康等。同时要看领导的脸色,费心维持人际关系,有时还要忍受屈辱。另外,年薪越高,竞争越激烈,更容易受人嫉妒,也更害怕被降职。单凭这些事情,就能理解为什么月收入超过 430 万韩元后,韩国人的幸福感反而会下降。韩国人如果想要幸福,月收入最好不要超过 430 万韩元。

① 韩国广播公司。——编者注

贫困明显会降低幸福感

在韩国，月收入不足 430 万韩元的人，随着收入增加，获得的幸福感也会大幅度上升。但是，我们并不能因此就断定，对穷人而言，金钱对幸福有很大的影响。因为金钱的增加并不能增加幸福，而主要是减少痛苦，正如幸福学家迈克·维金（Meik Wiking）所言："虽然金钱并不会使人幸福，但是缺钱会让人生活悲惨、感到不安、充满压力。"[44]

在韩国，没有钱便无法摆脱痛苦；而痛苦的人也不可能感到幸福。缺钱首先会让人感受到生存焦虑。没有钱，买不到食物和衣服，没有安定的住处，掏不出份子钱，害怕见朋友，生活在社会的边缘。因此，韩国人如果没钱或缺钱，就会不断遭到焦虑和担心的困扰，以致痛苦不堪、情绪消极，这对幸福是致命的打击。

盖洛普民意调查显示，衣食无忧的生活对幸福产生的影响是收入的两倍以上。[45] 也就是说，比起钱多钱少，金钱是否会引发焦虑或担心，对幸福产生的影响更大。金钱导致的焦虑或担心基本上都与生存焦虑有关，比如担心交不上水电费或者无法偿还贷款等。相反，开着国产车的人，因为没钱买进口车而感到心里不舒服，这并不是因为生存焦虑，而是因为自身的欲望得不到满足或者害怕得不到别人的尊重。换言之，所谓衣食无忧的生活，指的是月收入 430 万韩元、摆脱生存焦虑的生活。

| 第一篇 |
幸　福　热

而这种生活对幸福会产生很大的影响。

缺钱也会让人害怕得不到别人的尊重。如果自己的收入不够高，就很有可能被人无视。人们生活在按照金钱的多少来评判人的价值、没钱会遭到歧视甚至无视的社会中，即人们生活在不平等、不和谐的社会中，即使收入高，也很难摆脱精神压力。因为，总是会有人比自己的收入更高。

一项研究结果表明，富裕国家中，收入不平等的降低比经济发展对幸福产生的影响更大。换句话说，即使经济高速发展，但如果收入分配不均，人们的幸福指数反而会下降。[46]另一项研究结果表明，假如相对贫困的人住在富人区，那么他们的幸福指数也会下降，甚至生活在富人区的有钱人也不如生活在其他地方的有钱人幸福。[47]因此，从害怕得不到别人的尊重来看，人是否幸福取决于钱的相对多少，而不是绝对多少。换言之，人是否幸福取决于周围的人是否比自己富有。这些研究告诉我们，收入增加之所以能够提高幸福指数，是因为收入增加可以减少尊重焦虑。

没钱或缺钱会让人承受生活和精神上的压力，收入增加最主要的作用是减少这样的痛苦。具体地，对贫穷的韩国人来说，月收入增加到430万韩元的过程中，随着收入的增加，人感受到的不安和痛苦也会不断减少。一些心理学研究将快乐-不快乐的情感体验看作幸福的核心，并对其进行专门研究，上述痛苦的减少，即消极情感体验的减少必然会体现在这些研究中。

真正的幸福

关于幸福的心理学研究以享乐主义幸福论为基础,非常重视积极的情感体验,这一点我会在第 3 章进行详细描述。不安和痛苦的减少,将减少消极的情感体验进而增加积极的情感体验,这样必然会提高幸福指数。因此,准确地说,穷人并不是因为钱多了而变得幸福,只是痛苦减少了而已。

在韩国,月收入超过 430 万韩元,会极大地缓解生活压力,但对缓解精神压力几乎没有什么作用,甚至还会带来其他的痛苦。因此,月收入超过 430 万韩元,韩国人的幸福指数反而会下降。

韩国社会是阶级分化的社会。如果将韩国社会比作 100 层的金字塔,那月收入 430 万韩元的人们便处于 60 层左右。但即使生活在 60 层,仍然会有生活在 60 层以上的精英人士。因此,人们的精神压力不会消失。在阶级分化的社会里,不管处于何种位置,人们的精神压力都不会消失。因此,韩国人并不满足于月收入 430 万韩元,为了能爬得更高,他们渴望更多的财富。但是对爬上更高的位置、赚更多的钱的执着,最终会导致人们生活得很疲惫,与幸福渐行渐远。

韩国社会中,有相当多的人月收入不足 430 万韩元。对他们来说,收入提高能够直接减轻自己所受的痛苦,所以,他们理所当然地认为有钱便会幸福。因为,摆脱慢性焦虑、担心或者痛苦是一件非常快乐、开心的事情。从这一点来看,月收入不足 430 万韩元的绝大多数韩国人相信,没有钱是不可能幸福

| 第一篇 |
幸福热

的,这也是一种有根据的、合理的想法。

心理学家詹姆斯·B. 艾伦(James B. Allen)强调,"很明显贫困会减少幸福"[48]。贫困使人痛苦,因此,绝大多数韩国人要想幸福,首先要脱离贫困,也就是说要摆脱生活压力。但是,幸福学家和心理学家对倍感生活压力的韩国人说:"钱不会带来幸福,要抛弃对钱的执念。"

盖洛普民意调查报告不仅告诉人们,比起赚很多钱,学会维持生计、学会花钱更加重要,也提出了一些有助于获得幸福的花钱方法,比如花钱买经验而不是买东西、为别人而不是为自己花钱等。[49]受人追捧的幸福商人们鼓吹,物质财富或金钱并不能带来幸福,不过,他们自己却赚了大钱,买了名车、豪宅。但是,幸福和金钱几乎没有任何关系或者善于花钱更加重要等忠告,只适用于那些月收入超过430万韩元的人们。对其余的人而言,这些忠告不起任何作用。生活在韩国这种资本主义社会中,没有足够的金钱来摆脱生存压力,不要说获得幸福,甚至摆脱痛苦都非常难。

即便如此,处境艰难的人们也不能只为了多赚钱而活,即不能只把赚钱当作人生的目标。处境艰难的人们因为没有钱而承受痛苦,但这种痛苦不能仅仅通过自己来解决,而是要通过社会改革来解决,进而使韩国社会成为一个国家为个人生存负责的社会,具体来说,至少要达到北欧国家的水平。处境艰难的人们通过奋斗或者无休止的竞争来达到月收入430万韩元的目标，这样的方式，不可能让所有人远离痛苦，也绝不是人们所希望的。

得不到精英阶层的尊重

在韩国，个人收入超过拐点后，随着收入增加，幸福指数反而会下降；与此相反，在大多数其他资本主义国家，个人收入超过拐点后，收入水平与幸福指数仍然呈正相关关系。也就是说，在那些资本主义国家，个人收入到达拐点之前，随着收入的增加，幸福指数会相应地提高；到达拐点之后，收入增加，幸福指数仍然会稍微提高一点。因此，幸福学家得出结论："收入到达拐点之后，钱对幸福有影响，但是其影响并不大。"

我们在前面提到，在收入到达拐点之前，收入增加并不能真正带给人们幸福，只是能够减少痛苦，而我们把痛苦减少看作测定幸福指数时的唯一指标。那么，收入到达拐点之后，钱本身会稍微提高幸福水平吗？从结论上来说，并不会。钱本身对幸福没有任何影响，能够影响幸福的不是钱，而是在资本主义社会中发挥作用的"资本的力量"。

资本统治的社会中，好像是金钱决定人是否幸福。因为，

| 第一篇 |
幸 福 热

在资本统治的社会中,钱可以买到任何东西、可以无所不能。在资本主义社会中,钱和自由成正比,而且有钱人和资本家掌握并支配着社会的各个领域,其中也包括政权和生产资料。社会上绝大多数人都一无所有,与这些人相比,有钱人的自由是毋庸置疑的。

韩国社会存在着巨大的生存压力和精神压力,以至于人们无法随心所欲地选择自己喜欢的工作。相对于自己喜欢的或者对社会有价值、有意义的工作,韩国人更愿意选择高薪工作。事实上,对很多韩国人而言,不用说高薪工作,只要能有工作就觉得非常幸运。韩国人不能自由地选择工作,无法做自己喜欢的事情,很难在工作中感受到快乐和自身的价值,所以变得更加不幸。

相反,在生存压力和精神压力相对比较小的社会中,人们能够自由地选择工作。丹麦的一名出租车司机说:"要做自己喜欢的事情。这比赚钱更重要。……如果在工作中享受不到快乐,赚钱又有什么用呢?"[50] 在丹麦,喜欢开车的人会去做出租车司机,想通过奉献医术来回报社会的人会去当医生。他们不管选择什么职业也不会有生活压力,而且,各种职业之间的收入差距比较小,不管选择哪种职业,都不会遭人无视,也不会有精神压力。所以,他们能够真正享受到选择工作的自由。

对人而言,最重要的是自由,这点我会在后面详细介绍。但是,主流心理学研究的主题并不是自由,而是个人的掌控力,但掌控力不过是自由的一个方面。虽然有关掌控力的心理学研究有限，但是既有的研究显示，自由和幸福之间有着非常密切的联系。

┋ 重要的不是钱，是自由

心理学家丹尼尔·内特尔（Daniel Nettle）在《幸福：追求比得到更快乐》中写道，推测人是否幸福时，"自我掌控"能力是比收入更好的指标。生活满意度满分为10分的情况下，生活贫困但自我控制能力强的人，满意度能达到7.85分；相反，生活富裕但自我控制能力弱的人，得分为5.28分。[51] 即使生活困难，但能够自由生活的（哪怕只是主观上的感觉）人，比生活富裕但不能自由生活的人更幸福。这一事实表明，能够影响幸福的不是金钱，而是自由（自我掌控感）。

一般来说，在资本主义社会，自由和金钱成正比。如果不受其他因素影响，财富越多，幸福的可能性越高。在一项研究中，研究人员向受访者提了一个问题："你是否能够掌控自己的人生？"根据受访者的回答，研究人员测定的个人掌控力结果显示，得分最高的受访者属于第一阶层（富人），得分最低的受访者们属于第五阶层（穷人）。[52]

在多阶层社会中，社会地位越高，幸福的可能性越高，这同样与自由有关。一项关于社会阶层和幸福之间关系的研究显示，社会地位越高，幸福指数越高，但是收入和幸福指数几乎

| 第一篇 |
幸　福　热

没有任何关系。[53] 这项研究启示我们,提高幸福指数的并不是收入,而是处于社会上层所享受到的东西,特别是自由。

盖洛普民意调查报告中强调,从对幸福产生的影响来看,"财政上的安全感"高出"收入"这一单一因素3倍。[54] 财政上的安全感指的是"拥有足够多的钱,可以随时做自己想做的事情"。这并不是金钱本身对幸福产生的影响,而是在资本主义社会中,金钱通过自由对幸福产生的影响。生活在资本主义社会中的人们,钱越多意味着社会地位越高、生活越自由,至少是感觉上越自由,用主流心理学的术语来说,就是掌控力更强或自我感觉掌控力更强。

虽然,在资本主义社会中,金钱和自由成正比,但这并不是说,钱多的人们就可以享受到真正的自由(这一主题我们会在后面探讨)。而且,收入增加还会带来许多副作用。因此,在收入到达拐点之后,即使收入大幅增加,幸福水平也只会稍微提高。从结论上来说,资本主义国家中,在收入到达拐点之后,随着收入的增加,幸福指数仍然能够稍微提高,这也不是因为金钱,而是因为自由。

自由对幸福非常重要。但与过去相比,生活在当今资本主义社会中的人们所享受的自由减少了。换句话说,与过去相比,在大部分资本主义国家,随着社会不平等现象加剧,人们渐渐失去了自由。美国的舆论调查机构哈里斯发布的问卷调查中,有一个问题是"是否感到被周围环境抛弃",在1966年,只有 9% 的受访人回答"是";但到了 1986 年,这个比例增加到 37%。而对另一个问题——"是否感到自己的想法不再重要",同样,在 1966 年,只有 36% 的受访人回答"是";但到了 1986 年,这个比例增加到 60%。[55]

人际关系中的自由是最重要的一种自由,但现在也面临着不平等的侵害。即使不讨论阶级压迫或阶级剥削,诸如不受他人束缚、不受他人限制、不依赖他人、不被歧视或无视、不受人欺负或性骚扰等人际关系中的自由,只有在互相平等的基础上才能实现。阶级分化导致的不平等会让地位高的人在比自己地位低的人面前作威作福,夺走其人际关系的自由。自由缺失,特别是人际关系中的自由缺失,使生活在资本主义社会里的人们更加不幸。从结论上来说,生活在资本主义社会里的人们,与过去相比享受的自由减少了,因此变得更加不幸,但至少富裕的人们相对而言情况更好一点儿。

超过收入拐点后,收入增加会稍微提高幸福指数,这也与个人对生活的满意度或自我评价有关。"收入不仅跟日常生活经历和心情有关,更与对自己人生的评价有关。"[56] 正如这句话所说,在资本主义社会中,金钱通过提高生活满意度或者自我价值评价,能够对幸福产生影响。人的一生,会不断地对自身的生活进行评价,也会受评价结果的影响。换言之,人们不断地问自己"我现在过得挺好吧","到目前为止,我一直过得挺好吧",对这些问题,如果人们能够干脆地回答"是的",就

第一篇
幸福热

说明对自己的生活是满意的。

对自己生活的评价，可能是有意识的，也可能是无意识的，但几乎没有人不对自己的生活进行评价。为了生活得更好，对自己的生活进行评价是必需的，也是引领人们走向更美好生活的有效手段。但问题是，在资本主义社会中，所有东西的价值都以金钱为基准来衡量，因此，人们对生活的评价也被金钱左右。换句话说，人们衡量自己生活的标准是金钱，钱赚得多说明生活得好，钱赚得少就说明生活得不好；成为有钱人就说明自己很成功，成为穷人就说明自己很失败。

对自身价值的评价也是如此。如果自己现在收入高或已经赚了很多钱，就认为自己是有价值的人，不然就会觉得自己是没有价值的人。在肤浅的资本主义社会中，万事万物的价值都以金钱为基准来衡量，因此金钱影响着人们对自己的生活和自身价值的评价，而且这种评价会在主观上测定自己的生活是否幸福的研究中有所体现。但是，在金钱并非万事万物的评价标准的社会里，金钱不会对生活或人的价值评价产生太大影响，也就不会对幸福产生决定性影响。

总而言之，在西方资本主义社会中，超过收入拐点后，随着收入增加，幸福水平仍然会稍微提高，也只是因为收入增加提高了人们对自由、生活、自身价值的评价。换言之，金钱本身跟幸福没有任何关系。

真正的幸福

┊ 没有"生存焦虑"和"尊重焦虑"的社会

在韩国这种每个人为自己的生存负责的社会中,如果收入不能够让人们消除对生存的不安,人们就很难获得幸福。那么,月收入低于430万韩元的人们,把赚钱作为生活的目标,他们会幸福吗?答案是否定的。没钱就会不幸的想法和金钱就是幸福的想法是相通的。认为没钱就会不幸的人,觉得赚很多钱就能够接近幸福,结果就把赚钱作为生活的目标。但是,许多研究表明,把赚钱作为生活目标的人会更加不幸。

心理学中所说的物质主义者相信金钱就是幸福的源泉,以金钱为标准评判人的价值,而且一心只想赚钱,在用金钱衡量的成功中获得生活中的满足。

一般在预测是否有物质主义倾向的问卷中会包含以下内容:

"我认为金钱非常重要。"
"金钱象征着成功。"
"如果我有更多的钱去买喜欢的东西,那我会更加幸福。"[57]

所谓物质主义者,用一句话来概括便是,相信物质主义幸福论(即金钱就是幸福),以金钱来评判包括人在内的世间万物的价值,把赚钱作为生活目标的人。可能大多数韩国人以及大多数生活在资本主义社会中的人都是物质主义者。但是很多研

| 第一篇 |
幸　福　热

究告诉我们，物质主义与幸福无关，却与不幸有关。

例如，物质主义倾向与冲动购买、吸烟酗酒、负面的自我认知、抑郁症和不安、极低的生活满意度、消极情绪、身体健康问题等有关。[58] 简单来说，物质主义者身心健康状况更差、更不自信、更不幸福。

那么，什么会加剧物质主义倾向呢？一项研究显示，经济上的不安全感会加剧物质主义倾向。[59] 换言之，对生存的不安感越严重，物质主义倾向越强。韩国的电视剧和电影里经常会出现一些因为没钱而饱受折磨的穷人。因为没钱，没办法好好照顾孩子或者给孩子看病，父母急得直跺脚；因为没钱，屈从于有钱人，备受欺凌。这些人都对金钱满含怨恨。金钱可以使人们摆脱难以忍受的痛苦，因此穷人很难不成为物质主义者。

一项研究显示，与普通实验参与者相比，因为受到刺激、感受到死亡恐惧的实验参与者追求外部（物质主义）目标的欲望更加强烈。[60] 这项实验结果还告诉我们，不仅是生存焦虑，尊重焦虑也同样会加剧物质主义倾向。在另一项实验中，刺激部分实验参与者，使他们联想到被同事拒绝的经历；与普通实验参与者相比，他们也表现出更强烈的物质主义倾向，这同样也说明尊重焦虑会加剧物质主义倾向。

被他人拒绝的经历（不被尊重的经历）引发的尊重焦虑会加剧物质主义倾向，这是因为在资本主义社会，不被尊重的主要原因跟金钱有关。在以金钱为标准评判人生价值的社会中，人们会反复经历被更有钱的人（更优秀的人）轻视的痛苦。因此，人们相信，只有拥有财富，自己才不会被无视，才能得到尊重。

物质主义倾向也和小时候的成长环境有关。例如，得不到母亲关心的孩子比得到母亲关心的孩子表现出更强烈的物质主义倾向。[61] 小时候，得不到家人的爱和尊重，长大后更容易感受到尊重焦虑。因为一个人缺乏父母的关爱和尊重，更容易相信，如果自己赚不到很多钱，就得不到他人和社会的尊重。因此，小时候的成长环境会影响人们对物质主义的抵抗力。

在韩国这样的社会中，如果没有钱，不仅无法获得幸福，甚至很难摆脱极度的痛苦。但是，相信金钱就是幸福，追逐名利会变得更加不幸福。那么，我们到底该怎么办呢？虽然为了生存我们要努力赚钱，但不能认为金钱就是幸福，也不能把赚钱当作人生的目标。我们要明白，为了生存、为了减少痛苦，我们需要赚一定的钱，但这与金钱就是幸福、把赚钱当作生活的目标是两码事。

物质主义幸福论不能带来幸福，只会带来不幸福。因此，我们不应把赚钱当作生活的目标，而是要通过变革，创造一个没有生存焦虑和尊重焦虑的社会。当然，我们在推进社会变革的过程中，至少需要赚一些能够维持自己生存和进行社会活动的钱。

韩国的社会制度既不完善也不合理，除了极少数幸运的人之外，人们不能仅仅通过想象就月入 430 万韩元。换言之，现在的韩国，通过自谋生路，所有人都赚到更多的钱，进而摆脱痛苦，获得幸福，这是不可能的。而且，我曾反复强调，月收入达到 430 万韩元并不能让所有人都获得幸福，只是能让人摆脱强烈的痛苦而已。

韩国人如果想真正获得幸福，就要建设制度完善的社会，让物质主义幸福论无立足之地。这是我们获得幸福的唯一道路。

第二篇

伪幸福处方

第 3 章
为什么享乐主义幸福论是无稽之谈

我们想象中的幸福

现在,虽然"幸福热"和幸福产业严重污染并歪曲了幸福的含义,但我们没有理由放弃幸福。或者应该说,我们不能放弃幸福,因为放弃幸福就等于向不幸福低头。

那么,为了获得幸福,我们应该怎么做呢?首先,我们应该明确幸福是什么。心理学家埃里希·弗洛姆(Erich Fromm)说过:"人们并不知道'怎样做能够获得幸福',只是一味地渴望幸福的生活。"[1] 心理咨询师郑东燮①也说过:"大多数人只是茫然地渴望幸福,他们并不知道幸福是什么以及怎样做才能获

---

① 韩国家庭关系研究所所长,代表作有《幸福的心理学》《愤怒的技术》《婚姻》等。——译者注

得幸福，只能在寻找所谓幸福的海市蜃楼时不停地徘徊，终其一生也得不到幸福。"2

如果不清楚幸福是什么，就很难获得幸福或者反而会离幸福越来越远。所以，要想获得幸福，我们首先要明确幸福是什么。为此，我们先来看一下此前有关幸福的讨论吧。

无欲无求便是幸福——禁欲主义幸福论

很久以前，人们讨论的幸福论中，比较具有代表性的是禁欲主义幸福论和享乐主义幸福论。现在，禁欲主义幸福论已经极度衰退，几乎不会受到任何关注，但是享乐主义幸福论依然拥有旺盛的生命力。在讨论享乐主义幸福论之前，我们先简单了解一下禁欲主义幸福论吧。

禁欲主义幸福论与享乐主义幸福论相对，从严格意义上来说，禁欲主义幸福论并不是幸福论，而是"摆脱痛苦论"。因为事实上，禁欲主义是拒绝幸福的。

从很久以前开始，宗教便努力宣扬禁欲主义。佛教主张，为了远离苦难，人们需要达到一种境界，那便是完全压抑所有的欲望，甚至包括对生命的渴望。简单来说，佛教认为人类所有的痛苦都来源于欲望，所以劝说人们要摒弃世俗的欲望，只有如此，人们才能获得幸福。但是，佛教的教诲无论如何都是不可能实现的。佛教登上人类历史的舞台，劝说人们摒弃世俗的欲望已经有数千年的历史。但是到目前为止，可能存

| 第二篇 |
伪幸福处方

在成功摒弃了世俗欲望的个人,却没有成功摒弃世俗欲望的社会。这意味着,摒弃世俗欲望的要求是非常不现实的。况且,这些欲望之中也有绝对不能放弃的正常欲望。如果说人因为活着会带来痛苦,所以要摒弃对生的渴望,那么所有人都应该自杀。

佛教中的禁欲主义事实上指的不是幸福,而是摆脱痛苦的方法。虽然痛苦和幸福难以共存是事实,但并不能说没有痛苦就是幸福。如果说没有痛苦就是幸福,那么我们就会得出一个荒唐的结论——完全感受不到痛苦的非生物体是最幸福的。

关于幸福的一些近期研究显示,比起没有负面的情感体验,拥有正面的情感体验更重要。[3]换言之,人们没有抑郁、烦躁、愤怒等负面情绪时,并不能获得幸福,但当人们经常感受到诸如成就感、喜悦、满足、有意义等正面情绪时,才会获得幸福。摒弃世俗的欲望,虽然会减少负面的情感体验,但同时也无法感受到正面的情感体验。即放弃世俗的欲望只能减少痛苦,并不会引导我们获得幸福。对于佛教的禁欲主义,哲学家菲利普·范登博斯(Philippe Van den Bosche)评价道:

> "佛教通过无欲无求的修炼追求的是一种精神性的自杀……如黑格尔所说,佛教的特征是对'无'的礼赞。佛教教义中,人类脱离痛苦的代价是拒绝存在、行动和真正的快乐。"[4]

基督教相信幸福只存在于来世，不存在于现世。而且，基督教劝说人们为了享受来世的幸福要默默承受现世的不幸，并且要相信神明。换言之，基督教的禁欲主义拒绝现世的生活和人们在现世享受的幸福。《圣经》中有一句话："无欲无求便是幸福，我们是不会失望的。"没有期望就不会失望，这与佛教主张的欲望招来痛苦在本质上是一致的。基督教的禁欲主义劝说人们为了来世的幸福要放弃现世的幸福。

佛教也好，基督教也好，宗教性的禁欲主义可以归结为劝说人们要顺从现行的社会秩序，不要抵抗；不仅不鼓励人们去变革陈旧、腐败、不公平、不正义的社会，甚至要求人们放弃这种正常的欲望。放弃现世的幸福，就是说无论现世如何糟糕也要默默承受。

禁欲主义在资本主义社会并不受欢迎，也无法广泛传播，最主要的原因是其不能为资产阶级带来利益。"禁欲主义和资本主义简直互不相容。……如果世界上的人都完全按照禁欲哲学去追求幸福，那资本主义绝对不可能兴盛。"[5]从这里我们可以看出，禁欲主义和资本主义是对立的。如果人人都抛弃欲望，几乎不消费，那么资本主义便难以存在。因此，在当今世界，禁欲主义幸福论无法成为主流幸福论，只能在心灵治愈方面发挥一点儿作用。例如，反对消费主义、追求自然主义，在这些方面能看到禁欲主义的影子。尽可能地抛弃欲望，让生活变得简单，去安静的乡村或山里享受田园生活，这些主张都可以说是现代版禁欲主义。

"畅爽开怀"——享乐主义幸福论

如果说禁欲主义和资本主义是对立的，那么享乐主义和资本主义则完美契合。因此，历史久远的享乐主义虽一度被冷落，但在资本主义社会中，享乐主义幸福论再次成为主流。享乐主义认为，人的天性是追求快乐、逃避不快乐。而且，享乐主义还主张，人生最大的目标便是获得快乐。享乐主义对幸福的定义是，追求快乐，远离痛苦。与禁欲主义不同，享乐主义并没有放弃幸福，而是积极追求幸福，从这一点来看，享乐主义略优于禁欲主义。

心理学主张，快乐的本质是愉悦感。因此，可以说，哲学中的享乐主义幸福论与心理学中以快乐为中心的幸福论是同一概念。虽然人的情感非常丰富，但基本上可以分为快乐-不快乐、满足-不满足。换言之，人类的所有情感都可以用快乐-不快乐或者满足-不满足来表示。

"满足-不满足"这组概念我们会在后面讨论，本节中我们先讨论"快乐-不快乐"。人的情感基本上可以分为快乐和不快乐两种。麻酥酥的感觉、轻松、顺畅等属于快乐的范畴；厌恶、烦闷、恶心等属于不快乐的范畴。一般来说，人在自身欲望得到满足的时候会感到快乐。饥饿的时候会产生想要吃饭的欲望，这种欲望得到满足后，人们体验到的情感就是快乐。

真正的幸福

古希腊哲学家伊壁鸠鲁（Epikouros）认为，获得幸福是人生的目标。他主张获得幸福的方法是满足欲望、享受快乐。换言之，他主张最大的幸福来自快乐。但是，伊壁鸠鲁强调，想要获得幸福，不能盲目地追求快乐，而是要抛弃不必要的欲望。这也算是一种禁欲主义方法论。

功利主义哲学家们对幸福的宣传使得享乐主义幸福论再次流行。功利主义哲学家杰里米·边沁（Jeremy Bentham）主张，幸福的客观基础是肉体感受到的快乐。也就是说，他认为肉体上的快感就是幸福。从这种观点出发，功利主义学派追求的是大多数人的最大幸福。

一些心理学家传承发扬了享乐主义幸福论，使其成为当代心理学中的主流幸福论。提倡享乐主义幸福论的心理学家中，比较有代表性的是西格蒙德·弗洛伊德（Sigmund Freud）。他主张，人类一方面想要远离痛苦和不快乐，另一方面渴望享受巨大的快乐。简而言之，人的天性是逃避不快乐、追求快乐，而快乐就是幸福。心理学家徐恩国[①]认为，"人类只是智力较高，从本质上来说，与鸵鸟或者梭鱼没有区别，确实是100%的动物。"[6]他主张，能够经常感受到快乐或者体验到快感就是幸福。

"与文化、年龄、性别无关，所有人的情感都被放在

[①] 韩国延世大学心理学教授，主要研究领域为幸福的心理学。——编者注

| 第二篇 |
伪幸福处方

名为快乐和不快乐的两个篮子中。……快乐的关键是,人们在日常生活中经常感受到的情绪是正面情绪,而不是负面情绪。这种快乐的出现频率决定着人是否幸福。"[7]

简而言之,将正面情感出现的频率和负面情感出现的频率放在天平上,如果天平向正面情感一方倾斜,就说明人很幸福。

享乐主义幸福论认为,所谓幸福就是快乐,若想获得幸福,就要尽最大的努力追求快乐,避免不快乐。享乐主义幸福论由来已久,一直到今天仍具有顽强的生命力。享乐主义幸福论被今天的心理学界奉为主流幸福论,最主要的原因便是其与资本主义社会完美契合。若想感受到长久持续的快乐,人们要随时满足时时刻刻都在产生的欲望。换言之,每次心动时,都需要马上购买商品或者服务来满足自己的欲望,为此人们需要不停地赚钱。如果人人如此,商品畅销,那么资本主义必定繁荣兴盛。

享乐主义幸福论宣扬的幸福秘诀,曾经在可口可乐公司举办的"畅爽开怀"(Open Happiness)活动中有过明确的介绍。可口可乐公司在其网站上介绍了获得幸福的秘诀,即选择可口可乐。

"对真正幸福的追求其实并不能说是追求,那不过是做出决定和选择。所以,无须等待,打开冰凉爽口的可口可乐,选择幸福吧!"[8]

喝可乐或玩游戏可以感受到快乐，但人们夜以继日地通过这种方式追求快乐，真的能获得幸福吗？当然，享乐主义幸福论不仅仅强调肉体上的快乐，它同时也强调精神欲望得到满足，以及人际关系中产生的欲望得到满足后体验到的快乐。例如，徐恩国曾说："人类是群居动物，如果在一张喝可乐的照片里，人们脸上洋溢着幸福，这种幸福可能并不是喝可口可乐带来的，而是和喜欢的人一起分享食物时获得的。"[9]但是，不管强调哪种快乐，享乐主义幸福论的核心并没有变，那便是"幸福就是快乐，人类只有远离痛苦、追求快乐，才能获得幸福"。换言之，享乐主义幸福论主张，不管是喝可乐，还是与喜欢的人一起吃饭，运用各种手段和方法执着地追求快乐，人们才能获得幸福。虽然现在的心理学家并没有如此直白地主张享乐主义幸福论，但基本上都支持享乐主义幸福论。

最后，我想指出一点，将幸福的核心定义为快乐是有问题的。如果按照徐恩国所说，幸福是"快乐的集合体"，那幸福从最开始就没有存在的必要，而且爱情、成就、成功等无数的概念也失去了存在的价值。因为如果幸福可以被定义为快乐的集合体，那么爱情、成就等也可以被定义为快乐的集合体。把幸福定义为快乐，就像把爱情定义为快乐一样，是非常愚蠢的一种概念定义方法。如果可以用快乐定义幸福、爱情、成就、胜利等概念，那么创造了快乐这一概念后，人类为什么还要创造上面那些概念呢？幸福这一概念本应该在更高的层面被定义，将其还原为情感层面的概念，只不过是受到无数批判的一种变相的心理还原主义而已。

为什么快乐≠幸福？

如果享乐主义幸福论是正确的，那么获得幸福的方法就非常简单。如果吃巧克力能让自己感到快乐，那么在家里堆满巧克力，一直吃就好了。只吃巧克力会腻？那就买来甜甜圈一起吃吧。自己吃不过瘾？那就偶尔和喜欢的人一起吃吧。谁都能马上反应过来，这种主张是很可笑的。先不管其他问题，为了获得幸福，一直吃巧克力和甜甜圈，不仅会长胖，还会引发各种疾病。

快乐不等于幸福。因此仅仅逃避痛苦，追求快乐，绝对不可能获得幸福。

┊ 幸福不是瞬间的快乐，而是一种持续的感觉

如果快乐就是幸福，那我们根本没有必要讨论幸福和不幸福的问题。因为，一年365天里，只感到快乐或者只感到不快乐的人是不存在的。日常生活中，人们不停地在快乐和不快乐

之间切换。午饭时间，感到饥饿时，会觉得不快乐，但吃午饭时便能感受到快乐。吃完午饭后，回到公司上班的时候，会感受到不快乐，但工作顺利结束会重新感受到快乐。如此，人们在一天之内会不停地感受到快乐和不快乐。因此，如果说快乐就是幸福，那人们在一天之内要经历数十次甚至数百次"幸福→不幸福→幸福→不幸福"的转换。

如果快乐就是幸福，那么失业之后无法维持生计的人们若能够感受到一时的快乐，就不能说他们是不幸福的。因为即使失业，他们也至少能够在喝可乐或者和喜欢的人一起吃饭时感到幸福。有的人会想，心理学家不至于根据这种观点倡导享乐主义幸福论吧？但事实上，心理学家确实据此倡导享乐主义幸福论。

我们来举例说明。盖洛普民意调查机构对160个国家进行了调查，结果显示，100万名（占总人数的82%）受访者表示，在接受采访的前一天他们大部分时间是快乐的。据此，积极心理学家得出结论："大多数人在大部分时间里能够感受到一定程度的幸福。"他们正是认为正面的情感体验（快乐）就是幸福，才贸然得出了这种似是而非的结论。

快乐是稍纵即逝的。喝可乐的快乐只能停留在喝可乐的瞬间，早上喝可乐获得的快乐不可能持续一整天。但是，人们会说幸福的时光、幸福的人生甚至是幸福的人。这时，人们说的幸福的时光并不是指喝可乐或者和喜欢的人在一起的瞬间，至少这是人人都明白的事实。

幸福不是一时的快乐，而是一种持续的感觉。让－雅克·卢梭（Jean-Jacques Rousseau）说过："我的灵魂渴望的幸福不是稍纵即逝的瞬间，而是在唯一并持续的状态中产生的一种感觉。"[10] 哲学家范登博斯说过："所谓快乐指的是一次性的，很快就会过去、消失的东西。"[11] 他还强调，"所谓的幸福是人类感到满足和快乐时的一种状态。……幸福优于瞬间的快乐。"[12] 如范登博斯所说，如果一定要把幸福看作某种情感，那么与快乐相比，幸福跟满足感的关系更密切。因为，快乐持续的时间很短暂，满足感持续的时间相对较长，这是毋庸置疑的事实。心理学家戴维·迈尔斯（David Myers）认为，幸福不是变化无常的快乐－不快乐的情感，他曾说：

> "幸福并不是指时时刻刻不断变化的心情，而是指以人的一生为观察对象，思索当下的人生是多么充实，多么有意义，多么开心，多么满足。"[13]

快乐只是稍纵即逝的瞬间感觉。因此，享乐主义幸福论是荒诞无稽的幸福论，因为它把快乐当作幸福。仅仅追求快乐，并不能获得幸福。

⋮ 快乐出现的次数越多，人感受到的快乐就越少

因为吃巧克力会感到快乐就一直吃巧克力，结果不仅不会感到快乐，反而会感到痛苦。假设第一次吃巧克力时体验到的快乐是100，第二次便是60，第三次会降到30，甚至以后可能看到巧克力就会感到恶心。如此，快乐出现的次数越多，人感受到的快乐就越少。房子、车子、家具、家电等消费品也是如此。买到最新款手机的快乐并不会持续很久。针对这种现象，哲学家金善郁[①]也曾说过："对饥饿的人而言，白米饭和汤是非常美味的食物。但是如果让人一辈子吃同样的饭、喝同样的汤便是一种诅咒。……相同的东西反复出现会给人带来痛苦。"[14]

快乐出现的次数越多，人感受到的快乐就越少，这主要是因为人们适应了快乐。心理学家索妮娅·柳博米尔斯基（Sonja Lyubomirsky）把人们适应快乐的现象称为"享乐适应"。享乐适应使人的幸福水平难以继续提高，心理学家汉斯·艾森克（Hans Eysenck）把这一现象命名为"快乐水车理论"（hedonic treadmill theory）。

享乐适应并不仅仅局限于一种事物，而是呈现出普遍化的倾向。适应了喝米肠汤时的快乐，以后不管是喝米肠汤，还是

[①] 韩国崇实大学哲学系教授，代表作有《政治与真理》《汉娜·阿伦特的政治判断理论》等。——译者注

| 第二篇 |
伪幸福处方

喝牛杂汤，甚至是吃其他食物的时候，获得的快乐都会减少。纵使享受山珍海味，也终究不能从吃饭中获得快乐。适应了买名牌衣服时的快乐，即使转换消费对象，比如买名牌鞋子时，获得的快乐也会减少。最终，人们无法从任何消费行为上获得快乐。体验过各种快乐的豪门子弟，觉得人生再无快乐可言，对生活失去兴趣，进而选择自杀，也是基于这个原因。享乐适应并不仅仅局限于一种事物，而是呈现出普遍化的倾向，即使经常变换获得快乐的方式，也无法解决这个问题。

随着快乐出现的频率的增加，人们每次感到快乐的程度会下降，因此人们不得已去寻求更大的刺激。而且越是把获得快乐当作人生最大目标的人，越无法忍受不快乐。同理，把快乐当作人生唯一目标的人们，因为无法忍受失去快乐的痛苦，会追求更加猛烈的快感，最终沦为快乐的"瘾君子"。如果不懂得快乐之外存在更高层次的人生价值，就无法避免对快乐上瘾。精神科医生爱德华·哈洛韦尔（Edward Hallowell）说过，"因为人们没有学会在日常生活中发现快乐的好方法，所以数百万成年人痴迷于利用一些危险的方法寻求幸福，诸如吸毒、酗酒、抽烟、赌博、色情、玩乐等。"[15]

人不能为了获得快乐而活。人们过着幸福的生活，自然而然能经常感受到满足或者快乐。因此，如果我们想要获得幸福，首先要转变思路，去追求幸福的生活，而不仅仅是追求快乐。追求快乐必然不会带来幸福，只会导致人们对快乐上瘾。遵循享乐主义幸福论的建议，一味地追求享乐，人们不会获得幸福，只会沦为快乐的"瘾君子"。

追求快乐对人的成长没有帮助

人从出生到死亡是一个不断成长的过程。而且，每个人都渴望成长。蹒跚学步的孩子渴望凭借自己的能力走得更稳、更远，依靠父母的青少年希望脱离父母过独立的生活。人们读书的时候，喜欢读书带来的乐趣（即快乐），但更喜欢通过读书提高自己的精神境界。心理学家弗洛姆认为，人们在有益的生活中一定能够体验到有助于成长的高水平情感，为了区分这种情感和快感，他将其命名为"喜悦"，并做了如下解释：

> "喜悦总是伴随富有成效的能动性而来。它并不是突然到达顶峰就结束的'巅峰体验'，相反，它是高原，是人类真正的能力有效发挥时，伴随而来的情感。……快乐和心情激动的酥麻感等在达到巅峰后会带来伤痛。因为瞬间的快乐无法提升人的格局。……胜利的瞬间好像会使人感到成功，但是这种感觉消失后，人的内心便会遭受深深的伤痛，因为人的内心丝毫没有改变。"[16]

吃巧克力时感到的快乐不会提升人的格局，也不会带来精神上的改变，只会让人长胖。追求快感会使人离幸福越来越远。

| 第二篇 |
伪幸福处方

因为快感不仅对人的成长没有任何帮助，反而很有可能妨碍人的成长。一个劲儿地追求快感最终会让人无法成长，这样的人能获得幸福吗？

我曾经长期观察过几个堪称是享乐主义者的人。在生活中，他们真的很努力地追求快乐，但不管岁月如何流逝，他们的心智都没有得到成长，只是肉体在变老而已。而且，当他们到了一定的年龄后，由于对自己的人生无法做出正面的或者较高的评价，他们开始陷入虚无主义并嫌弃自己。"我一辈子吃了很多好吃的，也去过很多地方，所以我的人生真的是很有价值很幸福的。"能够说出这种话的人又有多少呢？当他们和那些为了改变世界而努力的朋友们见面时，总是会低着头，甚至不敢直视对方。这可能也是因为他们对自己的存在和自己的人生感到羞愧。

享乐主义者随着年龄的增长会变得不幸福。到了一定的时期，他们无法从任何事物上感受到快乐。所以他们会陷入虚无主义的旋涡，思考着今天死去会如何，或者明天死去会怎样。这些例子启示我们，追求快感会妨碍人的成长，使人离幸福越来越远。

可以把连环杀人犯称为幸福的人吗？

快感的内容或价值是由欲望决定的。正常的欲望得到满足时，感受到的快感是正常的快感，但是邪恶、病态的欲望得到满足时，感受到的快感是恶魔般的、病态的快感。从欲望的角度来看，所谓善良的人指的是带着善良欲望的人，所谓邪恶的人指的是带着邪恶欲望的人。渴望支配、剥削他人或者为了炫耀自己的力量而虐待他人，这样的欲望是邪恶的、病态的欲望。想要得到认可的欲望是非常正常的欲望，但是这种欲望超过一定的限度，也能变成邪恶的或者病态的欲望。

人们在邪恶的欲望得到满足时也能体验到快感。例如，连环杀人犯在杀人时会体验到强烈的快感，自恋的人在折磨别人时会感受到快感。邪恶的快感也是快感，也会使恶人感到快乐。最终结果是，恶人更努力地追求邪恶的、病态的欲望，并在这个过程中为了持续地感受到快感而成为快乐的"瘾君子"。

快感本身与善恶没有任何关系，但是欲望作为快感的来源与善恶息息相关，而且生活作为情感体验产生的场域也与善恶密切相关。邪恶的欲望或不良的生活作风是真实存在的。那么，邪恶的人，通过满足邪恶的欲望来体验快感，这能称为幸福吗？连环杀人犯杀人越多越幸福吗？或者说，追求强烈快感的连环杀人犯是幸福的人吗？从享乐主义幸福论的观点来看，连环杀人犯也可以获得幸福。只要杀更多的人，将正面的情感体验出现的频度维持在一个较高的水平便可以了。

享乐主义幸福论是主观幸福论。享乐主义幸福论主张，即使是同样的刺激或行为，对某些人而言是快乐，但对另外一些人而言可能是不快乐。比如，梅雨会使某些人感到快乐，但也可能会使其他人感到不快乐。换言之，梅雨能使某些人感到幸福，但也可能会使某些人感到不幸福。因为享乐主义幸福论认为快感体验会因人而异，所以幸福完全是主观的东西。因此，我们可以把享乐主义幸福论归结为主观幸福论。但是绝大多数人可能会说连环杀人犯能体验到快感，但绝不会认为他们能获得幸福。快感不是幸福，将快感看作幸福的享乐主义幸福论是荒唐的。

猪最幸福？

哲学家林贞焕在《通过幸福看西方哲学》一书中，批判享乐主义幸福论——"如果说快乐就是幸福，那我们便会得出一个不合理的结论，追求肉体享受的动物是最幸福的。"[17]也就是说，如果说享乐主义幸福论是正确的，我们便会得出一个荒唐的结论，即像动物一样生活的人最幸福。

享乐主义幸福论一直被批判为"猪的哲学"。因此，功利主义哲学家约翰·斯图尔特·米尔（John Stuart Mill）曾尝试从本质上区分不同快感。在此基础上，心理学家马丁·塞利格曼（Martin Seligman）将快感分为肉体上的快感（bodily pleasure）和更高层次的快感（higher pleasure）。但是，即使把精神层面的快感定义为更高层次的快感，享乐主义幸福论的本质并没有改变，依然把幸福看作快感，通过追求快乐获得幸福。

当然，我们必须承认，在追求幸福的路上，快乐不可或缺。

真正的幸福

我在前面曾经提到过,有关幸福的心理学研究重视正面情感出现的频率。一项研究结果显示,幸福的人和不幸的人体验到负面情感的频率并没有太大差异。换言之,无论幸不幸福,人们在生活中都会体验到负面情感。那么幸福的人和不幸的人之间在哪些方面不同呢?答案是,他们的不同在于正面情感出现的频率不同。幸福的人和不幸的人体验到的负面情感是相同的,但是幸福的人能体验到更多的正面情感。根据这些研究,大多数心理学家会高呼:"看吧!幸福终究还是快乐!""享乐主义幸福论是正确的!"但是,他们忽略了一些事情。

第一,正面情感并不一定是快乐。情感的本质不仅包括快乐-不快乐,同时也包括满足-不满足。其中,满足感与幸福的关系更密切。

第二,一般来说,正面情感是幸福生活的结果,而不是原因。情感体验的基础是现实生活。换言之,情感不是随意产生的,情感来源于生活,只能在生活中体验。如果部队生活是幸福的,士兵就能感受到更多的正面情感体验;如果部队生活是不幸福的,士兵就会感受到更多的负面情感体验。因此,如果士兵在部队生活得不幸福,那么即使为了获得更多的正面情感体验,在结束一天的训练后,去部队便利店不停地消费,也不会让部队生活变得幸福。

如果部队生活是不幸福的,那么通过追求快感增加的正面情感体验必然是有限的。人们过着不同的生活就会得到不同的情感体验。过着健康的生活,人们主要体验到的是正面情感;过着病态的生活,人们主要体验到的是负面情感。例如,过着自由自在的生活,人们主要体验到的是正面情感;过着备受压迫的生活,人们主要体验到的便是负面情感。

如此,正面情感出现的频率基本上取决于人们的生活状况。因此,人们的生活有助于获得正面情感体验时,人们才有可能获得幸福。按照享乐主义幸福论所言,为了增加正面情感体验出现的频率,我们得像鬣狗一样捕捉快感,但这样并不能使我们获得幸福。换言之,我们把获得正面情感作为生活的目标,并不能提高我们获得正面情感体验的频率。相反,正面情感是伴随着幸福的生活自然而然产生的结果。

总而言之,根据相关研究的结果,对于幸福和情感体验之间的关系,我们可以说,把幸福生活带来的正面情感体验狭义地解释为快感,颠倒生活和情感之间的因果关系,固执地坚持快感就是幸福,这不仅是一种过度夸大的解释,甚至可以说是一种歪曲事实的行为。

亚里士多德的幸福论与现在的心理学

除了禁欲主义者,大部分批判享乐主义幸福论的人都是亚里士多德理论的继承者。哲学家亚里士多德追求的不是猪的哲学而是人的哲学，并在此基础上对幸福进行了阐释。当然，我们不能说他的幸福论是完美的，但亚里士多德关于幸福的见解带给我们非常重要的启示，甚至在今天都依然有着巨大的影响。

拥有最好的生活才能获得幸福

亚里士多德是幸福研究的先驱，他主张：拥有"最好的生活"才能获得幸福。所谓最好的生活，指的是注重自己的品行和道德修养，而不是满足一时的欲望。简而言之，不要像猪一样追求快乐，要活出人真正的样子，才能获得幸福。

从重视精神上的愉悦来看，亚里士多德的幸福论也可以被归类为享乐主义幸福论。欲望可以分为精神上的、理性的欲望和肉体上的、感性的欲望。渴望了解世界或满足好奇心的欲望属于前者，想吃好吃的食物、享受温暖阳光的欲望则属于后者。因此，享乐主义可以分为两种，一种重视满足精神上的、理性的欲望，另一种重视满足肉体上的、感性的欲望。亚里士多德认为，幸福是精神上的、理性的欲望得到满足时体验到的满足和喜悦。从这一点来看，他的幸福论可以被称为精神层面的享乐主义幸福论。

而且，从重视实现人类的本性或潜力的观点来看，亚里士多德的幸福论也可以被归类为自我实现的幸福论。亚里士多德曾经说过,"只有不断提高自己的理性、智慧和德行,进而使它们达到最高境界才能获得幸福。"哲学家巴鲁赫·德·斯宾诺莎(Baruch de Spinoza)继承了这一观点,他主张,最大的幸福来自"使智慧和理性达到最高境界的过程"。

另外,从与人为善的观点,即从重视人生道德的观点来看,亚里士多德的幸福论也可以被归类为伦理幸福论。可以说,伊曼努尔·康德(Immanuel Kant)提倡的伦理幸福论源于亚里士多德的幸福论。康德主张,最高的善来源于幸福和德行的统一。他强调伦理生活的重要性。

可以说,亚里士多德的幸福论,既是精神层面的享乐主义幸福论,重视在满足精神需求或欲望的过程中获得满足和喜悦;也是自我实现的幸福论,强调开发人类潜在理性和德行的重要性;还是伦理幸福论,强调道德生活。如此,人们认为,亚里士多德的幸福论不同于典型的享乐主义幸福论,在今天仍然能够产生很大的影响。

成为心理学工具的亚里士多德幸福论

现在的心理学虽然倾向于享乐主义幸福论,但可能意识到其被批判为猪的哲学,所以或多或少出现了向亚里士多德观点靠拢的倾向。奉行个人主义的主流心理学,在亚里士多德观点的基础上,关注的焦点是实现和发挥个人的潜力,并将亚里士多德的幸福论定义为"自我实现幸福论"。

"人类不仅追求令人满意的、快乐的人生，更追求高于这种境界的人生。亚里士多德说过，真正幸福的人生是超越快乐、心地善良、道德高尚的人生，即充满意义和价值的人生。心理幸福感（psychological well-being）将自我成长、人生的意义和目标看作幸福的重要因素，以这种方式接近幸福的观点被称为'自我实现的幸福观'。"[18]

我认为，关于亚里士多德幸福论的主要观点中，认为精神上的需求或欲望得到满足便是幸福，因此就把他的幸福论称为"自我实现幸福论"是不妥当的。但是，在这里我们的主要目的是了解西方心理学家们的研究，因此暂且把亚里士多德的幸福论称为"自我实现幸福论"。许多心理学研究表明，自我实现的幸福比享乐主义的幸福更重要。

波勒·密克隆（Paule Miquelon）和罗贝尔·瓦勒朗（Robert Vallerand）发现，享乐主义的幸福主导自我实现的幸福后，无法预测"自我报告式的健康"。[19]简单来说，仅凭享乐主义幸福，人们并不能在主观层面上感到自己是健康的；只有体验到自我实现的幸福，人们才能在主观层面上感觉自己是健康的。他们的研究表明，自我实现的幸福会对健康产生更大的影响。这是因为，自我实现的幸福对减少压力能够起到有效的促进作用。[20]与享乐主义者相比，追求自我实现的幸福的人，能够更迅速地处理突发情况。例如，与一心想要购物的享乐主义者相比，梦

| 第二篇 |
伪幸福处方

想成为优秀艺术家的人更能忍受苦难,更能经得起考验。

塞思·施瓦茨(Seth J Schwartz)和同事们发现,在美国,自我实现幸福水平较低的学生更容易服用非法药物、发生不安全的性行为或危险驾驶。[21]根据这些研究结果,他们强调,自我实现的幸福可以抑制进行危险行为的欲望。

总而言之,这些研究表明,以自我实现的幸福为前提时,享乐主义幸福才具有意义。如果人们只追求享乐主义幸福,那么会出现一系列的负面现象,如健康状况恶化、压力增加、生活中不健康或不安全的因素增加等。而且,这些研究也指出,快感本身并不能对幸福产生影响,只有通过正常的生活才能够对幸福产生影响。换言之,快感只有作为正常生活的附加结果,才能帮助人们获得幸福。

心理学的"自我实现幸福论"接受了亚里士多德观点的一部分,但因为其无法科学地揭示人类的本性,所以存在一些局限性和问题。心理学家弗洛姆批判享乐主义幸福论:"既然存在人性,就无法带来彻底的享乐主义幸福。"[22]对此,他做了如下的描述:

> "动物只需要满足生理上的需求,即只需要满足饥饿、口渴、性欲即可……但是,仅仅满足这种本能的需求,并不能真正使人幸福。……若想理解人类的精神,需要分析由人类的生存条件衍生的人类欲望。"[23]

真正的幸福

弗洛姆所说的"由人类的生存条件衍生的人类欲望",指的是以人类本性为主的欲望。[24] 心理学家弗洛姆主张幸福的本质在于实现人类本性。换言之,人只有为了实现人类本性而活,才能获得幸福。为此,需要先准确解释何为人类本性。只有科学地解释何为人类本性,我们才能正确地回答"幸福是什么""想要获得幸福该如何做"等问题。

亚里士多德提出过一些模糊的主张,如因为无法科学阐释人的本性,为了获得幸福就要开发理性和提高德行等。批判享乐主义幸福论的许多幸福论虽然有很多值得肯定的方面,但也有自身的局限性,无法正确理解人类本性。关于幸福和人类本性之间的关系,我会在第 7 章详细阐述。

亚里士多德的幸福论深刻影响了享乐主义幸福论,现在的心理学吸收了亚里士多德幸福论极小的一部分,对两者进行调和。心理学家们研究幸福时,一般测定正面情感和对生活的主观评价。测定正面情感,当然与享乐主义的幸福有很大联系;对生活的主观评价和亚里士多德的幸福论有一定的联系。由此,心理学将亚里士多德的幸福论缩小为自我实现的幸福论,并使之成为弥补享乐主义幸福论缺陷的工具。但是,正面情感自不必说,对生活的主观评价只能反映幸福的一部分,并不能代表真正的幸福。这意味着,研究幸福的心理学讨论的并不是幸福,只是幸福的某一方面。

第4章
心理学提出的幸福谎言

只研究个体间幸福差异的心理学

以前,幸福主要是哲学或伦理学讨论的话题。但是自20世纪后期开始,人们对幸福的关心与日俱增,幸福成为心理学等许多学科的热门话题,甚至产生了幸福学这一分支学科来专门研究幸福。

心理学涉足幸福研究会带来什么样的结果呢?令人遗憾的是,与心理学带来的贡献相比,其产生的副作用更大。虽然心理学能够产生一定的积极影响,但心理学歪曲了幸福的概念,加剧了人们对幸福的错误认识,结果使人们离幸福越来越远。

主流心理学近似疯狂地将焦点放在个人身上,几乎不关心,甚至故意忽略社会、历史等方面。这种错误和倾向在幸福研究中也不例外。

一般来说，心理学关注的不是集体之间的幸福差异，而是个体之间的幸福差异。维金在《丹麦人为什么幸福》一书中写道：

> "'为什么有的人比别人更幸福？'这正是今天幸福研究的核心课题。"[25]

如他所言，心理学关注的焦点是，生活在同一社会中，为什么相对而言有的人更幸福，有的人更不幸。简而言之，心理学研究的是个体之间的幸福差异。

众所周知，在北欧式社会制度国家，人们的幸福指数较高；在美国式社会制度国家，人们的幸福指数较低。而探求"为什么会产生这样的差异"便是关于集体之间幸福差异的研究。这种研究关注的是，什么能够给大多数人或者普通大众带来幸福。换言之，这种研究关注的对象是社会幸福、集体幸福。

相反，如果讨论韩国人之间为什么有人比其他人更幸福，这就是关于个人之间幸福差异的研究。换言之，这种研究的主题不是"什么带给大多数人幸福"，而是"什么使某些人比其他人更幸福"。如果研究个人之间的幸福差异，自然会把社会幸福、集体幸福排除在外。

如果研究集体之间的幸福差异，必然会讨论哪种社会制度能使人幸福、在哪种社会生活才能幸福等问题。而且，我们能够很自然地得出一个结论：人们会拿起批判的武器反抗让人不幸的社会制度。心理学家弗洛姆认为，资本主义制度是造成人们不幸福的罪魁祸首，并对其进行了尖锐的批判。因此，他被主流心理学界彻底孤立。面对社会批判，特别是对资本主义的批判，主流心理学采取完全回避的态度或将其视为禁忌。期待主流心理学关注集体之间的幸福差异，犹如水中捞月。

幸福真的会遗传吗？

如果只关注个体之间的幸福差异，就可以避免接触"社会制度"这个烫手山芋，因此主流心理学只关注个体之间的幸福差异。当然，研究个体之间的幸福差异也会得到一些有用的资料。但问题是，主流心理学不仅只研究个体之间的幸福差异，而且恶意利用研究结果，狡猾地欺骗了世人，好像他们研究的不是幸福的一部分，而是整个幸福。

这种巧妙的欺骗行为中，最具有代表性的便是遗传决定幸福的主张。心理学家柳博米尔斯基和其同事主张，决定个体之间幸福差异的因素中，遗传因素占50%，情境（环境）占10%，反映个人认知和行动的意识活动占40%。[26] 这就是著名的幸福50（遗传因子）：10（环境）：40（主观能动性）理论。

一项关于一对双胞胎的研究，为遗传基因对幸福产生决定性影响的主张提供了有力支撑。一对同卵双生的双胞胎从小便被分开，他们生活在不同的环境下，但对他们的研究显示，他们的幸福指数是相似的。据此，心理学家主张，造成个体之间幸福差异的主要原因中，有50%是遗传因素。但是，准确地说，遗传因素只是为个体之间产生幸福差异提供了一种可能性。丹特·奇凯蒂（Dante Cicchetti）和他的同事进行的研究显示，曾被性虐待的年轻人容易抑郁或感到不安，这与他们的遗传基因无关。短的等位基因（控制抑郁和不安的基因）只有在曾遭受性虐待的年轻人身上，才和较高的发病率有关。[27]简单来说，即使是拥有易抑郁和不安基因的人，如果不曾遭受性虐待，也很少出现抑郁或不安的症状。

遗传基因决定了人是否易不安或抑郁。但是，仅仅有这种基因并不能引发不安和抑郁。即使有易不安和抑郁基因的人，也只有在处于性虐待等不健康的环境中时，才会引发不安和抑郁。这意味着，精神疾病发病的重要原因不是遗传基因，而是环境。

我们假设人体具有易患呼吸疾病的遗传基因，空气污染严重时，带有这种基因的人最先罹患呼吸疾病。那么，呼吸疾病的主要病因是空气污染还是携带遗传基因呢？主流心理学当然不关心空气污染严重的社会和没有空气污染的社会之间存在的差异。主流心理学研究的对象是，空气污染严重的社会中易患呼吸疾病的人和不易患呼吸疾病的人之间的个体差异，而且他们会得出结论："决定呼吸疾病个体差异的是遗传基因。"这种事情在幸福研究中也经常出现。

| 第二篇 |
伪幸福处方

退一百步说，即使我们承认遗传基因对个体之间的幸福差异有 50% 的影响，仍然会有很大的问题。对于个体之间幸福差异的研究结果，主流心理学并不只想将其用来揭示个体之间的幸福差异，同时也想用来说明集体之间的幸福差异或者一般情况下的幸福差异。许多心理学家根据幸福的 50∶10∶40 理论，主张环境（10%）对幸福几乎没有影响，遗传基因（50%）对幸福产生最大的影响，但这其实是随意捏造的说法。幸福的 50∶10∶40 理论来源于对个体之间幸福差异的研究，并不是对集体幸福的研究，因此，并不能说明遗传基因决定幸福。应该说，决定某个人比其他人更幸福的因素中，遗传基因占 50%。心理学家徐恩国曾在一次采访中说道：

> "个体之间的幸福差异取决于遗传基因。……想要幸福，就要多与人交往。天生幸福度较高的人自然喜欢与人交往。所以，外向的性格是幸福的钥匙，也是测定个体之间幸福差异的钥匙。"[28]

他在《幸福的起源》一书中反复提到了同样的主张："学界通常的见解是，个体之间的幸福差异有 50% 与遗传基因有关。"[29] 外向性格是决定个体之间幸福差异的主要因素，这种见解也存在很多争议，我们暂且不讨论这点。无论如何，他明确说过遗传因子不决定幸福，而是决定"个体之间的幸福差异"。

但是，上段的引文将"个体之间的幸福差异"和"幸福"两种说法混用，看起来好像说的是，遗传基因决定的不是个体之间的幸福差异而是幸福本身。或许，读者会自然而然地将他的话理解为遗传基因决定幸福。

徐恩国曾说，通过目前为止有关幸福的研究可以得出如下两种结论：

> "第一，幸福并不太受客观生活条件的影响。第二，人的遗传特征，更具体地说，是外向型的性格特质，对个体之间的幸福差异起决定性作用。"[30]

很奇怪的是，他在谈到遗传基因时，明确提到"个体之间的幸福差异"，但是在谈到客观的生活条件时，却没有使用"个体之间的幸福差异"，取而代之的是"幸福"。也就是说，他的话中，客观的生活条件（包含社会环境）是对"幸福"没有多大影响，而不是对"个体之间的幸福差异"没有多大影响。读他的书，读者分明会产生一种"环境或社会对幸福没有什么影响"的错误认知。由此看来，心理学家混用"幸福"和"个体之间的幸福差异"能被看作单纯的失误吗？"环境对个体之间的幸福差异没有什么影响"和"环境对幸福（或是集体之间的幸福差异）没有什么影响"，这两句话的含义天差地别。但即便如此，许多心理学家仍然频繁地将影响"个体之间的幸

| 第二篇 |
伪幸福处方

福差异"的因素表述为影响"幸福"的因素。最典型的事例便是，心理学家认为环境对幸福没有什么影响，劝诫人们不要为了改变环境而费心费力。

心理学家并不是普通大众，他们主张，遗传基因是决定个体之间幸福差异的最重要因素，暗示遗传基因决定人是否幸福。这种暗示，不管是有意的还是因为学术能力不足，都不能被看作单纯的失误，而是欺瞒读者和大众的行为。因为心理学家做的这些事情，让幸福研究员和贩卖幸福的商人兴奋地大喊："对幸福而言，社会并不重要！幸福从根本上是由遗传基因决定的，因此要想获得幸福，只能集中精力正念冥想。"

心理咨询师郑东燮在《幸福的心理学》一书中，介绍了幸福的50∶10∶40理论，他曾说："积极心理学家大多同意，幸福的决定性因素包括50%的遗传基因、10%的环境以及40%的人们有意识的活动。"[31]但令人惊讶的是，他说的不是"个体之间的幸福差异"，而是干脆的"幸福"。而且，他还说，"出人意料的是，幸福的人和不幸福的人之间，客观生活条件并没有太大的差异。……乐观、开朗的性格才是最大的幸福源泉。"[32]换言之，社会（环境）对幸福的影响只有10%，而性格（与遗传基因有关）对幸福起决定性作用。

我们可以忍受并忽视主流心理学只研究个体之间的幸福差异，但是偷偷地用个体之间幸福差异的研究结果来解释幸福（或者集体之间的幸福）差异，进而歪曲事实，乱下荒唐的处方，这简直可以称为智慧型犯罪。

北欧人比韩国人更幸福,这真的是因为遗传基因不同吗?遗传基因根本无法说明为什么北欧人比生活在其他资本主义国家的人更幸福。即使我们认可遗传基因对个体之间幸福差异的影响占50%,但也只能说,一些韩国人比其他韩国人更幸福,其中遗传基因产生的影响占50%。

北欧人之所以比韩国人更幸福,并不是因为遗传基因不同,而是因为社会也就是环境不同。包含社会在内的环境,可能对个体之间的幸福差异产生的影响只有10%,对集体之间的幸福差异却能产生巨大的影响。生活在美国式资本主义社会中的人们,所处的环境是相似的,所以他们才会认为环境对个体之间的幸福差异并没有太大的影响。同样地,生活在韩国,人们无法体验到北欧国家的社会环境,无法享受到国家为个人的生存负责的权利,所以,如果研究个人之间的幸福差异,得出的结论当然只能是,环境产生的影响并不大。

如果遗传基因决定的不仅是个体之间的幸福差异而是幸福本身,那么北欧人在美国生活也会很幸福,美国人在北欧生活也不会幸福。但是,2019年联合国发布的《世界幸福报告》显示,原住民和移民者的集体幸福排名几乎没有差别。[33] 这就是说,美国人的幸福水平和移民美国的北欧人的幸福水平差不多。北欧人原本生活在幸福水平较高的国家,但移民到美国之后,他们的幸福水平会降低,变得和美国人差不多。相反,原本生

| 第二篇 |
伪幸福处方

活在幸福水平较低的国家,移民到幸福水平较高的国家后,人们的幸福水平也会升高。甚至,"一些在原先国家幸福水平达不到移居国家一半的移民们"[34]也是如此。原先在美国生活,后移民到丹麦,在丹麦生活了10多年的一位美国人说道:

> "当然,这里也存在贫富差距,但是丹麦的穷人和富人一样幸福。这和美国是不同的,美国的穷人极其不幸福。"[35]

如果研究个体之间的幸福差异,有可能会得出遗传基因对幸福水平起决定性作用的结论。但是在研究集体之间的幸福差异时,即使说遗传基因几乎不起任何作用也无妨。

A社会中,人们的幸福指数是90;B社会中,人们的幸福指数是50。研究A、B两种社会产生这种差异的原因所得出的结论,可以用来描述集体之间幸福的差异,甚至是幸福本身的差异。但是研究B社会中,幸福指数为60的人和幸福指数为30的人,得出的结论只能用来说明个体之间的幸福差异。遗传基因只能说明幸福指数为60的人和幸福指数为30的人之间产生差异的原因,即相对而言谁更幸福的原因。即便如此,心理学并不研究空气质量状况不同的两个国家,只研究在空气污染严重的国家中生活的人们,就得出基因决定人是否患呼吸疾病的结论,进而推导出基因决定人是否幸福。我想再强调一遍,将个体之间幸福差异的研究结果用来解释幸福的差异，这是一种学术欺诈行为。

每个人获得的幸福是有限的？

一些学者强调遗传基因的重要性，他们认为幸福基本上由遗传基因决定，并主张人们的幸福水平在一定程度上可以遗传。这种理论认为，每个人能够获得的幸福都是设定好的，即幸福水平一定会回到某一范围，因此被称为"幸福的设定值"理论。这种理论认为，人们的幸福水平虽然会因为生活中出现的事情出现一时的起伏，但是最终会回到先天决定好的值。[36]

研究性格和个体幸福差异之间关系的心理学家中，大多数人也支持幸福的设定值理论。性格不仅取决于遗传基因，也随着人生经历和环境等的变化而发展。但是，人的性格比较稳定，一旦形成，即便环境发生改变，也不会发生太大的变化。换言之，性格并不会随事情或环境的改变而轻易改变。性格不会轻易改变，如果性格能对幸福水平产生巨大的影响，那么幸福也会倾向于维持在一定的水平。在这种逻辑思潮中，一些心理学家基于性格对个体幸福差异产生巨大影响进行研究，来支持幸福的设定值理论。

| 第二篇 |
伪幸福处方

这些心理学家中,有许多人认为,幸福水平会回到原来既定的水准是因为"适应"。例如,从狭窄的小房子搬到宽敞的大房子,幸福水平会暂时升高,但适应了大房子之后,便无法再感受到更大的幸福,最终会回到原来的幸福水平。但是有关适应的许多研究表明,这种观点存在错误。虽然人们能够适应某些情况或环境,但也有一些情况或环境,人们几乎无法适应。

人们比较容易适应的日常情况有结婚、生孩子等。对于这些情况,人们能够迅速完美地适应。中了彩票后,人们的幸福水平会暂时升高,但很快就会恢复到原来的水平,也是基于这个原因。

然而,人们几乎无法适应失业、残疾、生离死别等情况。失业导致幸福水平下降,即使经过相当长的时间,幸福水平也无法回到失业之前的水准。[37] 失业男性的自杀率高出有工作男性自杀率51%,失业者承受的心理痛苦(34%)是就业者(16%)的两倍多,失业者整体的自杀率高出就业者自杀率62%。[38] 如果人们能够很好地适应失业的情况,就不会出现这种差异。

失业导致的不幸福会因社会或地区的不同而有所差异。在个人为自身生存负责、强调成功与否取决于个人的社会,失业会对幸福产生十分不利的影响。[39] 相反,在国家为个人生存负责、成功或失败不归结于个人的社会,失业对幸福产生的影响会小很多。与失业率较高的地区相比,在失业率较低的地区,失业会对人们产生更大的影响。简单来说,如果自己身边失业的人比较多，那即使失业了，也不会感到太难受；如果身边几乎没有失业的人，那失业后就会感到非常痛苦。

人们也难以适应离婚或丧偶。1972年到2000年的28年时间里，经济学家理查德·伊斯特林（Richard Easterlin）对3 000名调查对象进行了一项追踪调查。结果显示，大部分人完全无法适应离婚以及配偶或子女死亡带来的冲击。[40] 此外，人们也几乎无法适应一些其他情况，如慢性感冒等健康问题，食品短缺、缺乏自律等与身心健康有关的问题，以及噪声、交通混乱等恶劣的环境问题。对于这些情况或环境问题，随着时间流逝，人们不仅无法适应，反而会变得更加敏感。

在《幸福心理学》一书中，心理学家艾伦详细论述过关于幸福的设定值理论，并得出一个结论——"至少现在看来，设定值理论有待商榷。"[41] 事实上，即使幸福的设定值理论是正确的，那也仅仅意味着，遗传基因或性格对个体之间的幸福差异有巨大的影响。因此，幸福的设定值理论有待商榷这一事实提示我们，遗传基因或性格决定个体之间幸福差异的主张也有继续讨论的余地。

┊ 个人主义幸福论错过了什么？

心理学所说的幸福论，基本上是指享乐主义幸福论。享乐主义幸福论认为快乐就是幸福，这必然会导致主观幸福论和个人主义幸福论。主观幸福论认为，快乐是一种因人而异的主观情感，所以其主张不存在所谓的客观幸福，只存在主观幸福。根据主观幸福论的说法，幸福不是集体的或社会的问题，而完全是个人的问题。说得极端一点儿，即使传染病导致其他人都不幸福，只要我对传染病保持乐观的态度，能够感受到快乐，那就可以说我是幸福的。享乐主义幸福论和主观幸福论是彻底的个人主义幸福论。因此，可以说，心理学的幸福论基本都是个人主义幸福论。

心理学认为，幸福属于个人主义范畴。这一观点从心理学对幸福下的定义中也能窥见一斑。首尔大学幸福研究中心对幸福的定义是"对本人的生活感到满意、有较多的正面情感体验以及相对较少的负面情感体验"[42]。换言之，每个人在生活中主观感受到的满足感和正面情感就是幸福。在这个定义的基础上，心理学家徐恩国进一步提出"幸福是一种假象"。他主张，"每个人、每种文化通过不同的组合方式形成的快乐聚合体就是幸福。"[43] 如此，心理学认为幸福因人而异，从这一点来看，心理学是完全从个人主义出发对幸福进行定义的。

一些心理学家也批判道，从个人主义观点出发定义幸福是错误的。心理学家艾伦说，虽然在心理学对幸福的研究中，传统的享乐主义占"主流地位"，但是，"重视自我实现的观念正在广泛扩散，对此，有深入讨论的必要。"他表示，自我实现的观点（前面我们提到，与亚里士多德的幸福论有关）暗示人们："即使个人感到满足甚至'幸福'，但如果不继续挖掘自己的潜力，就无法达到高水平的幸福。"同时，对于享乐主义幸福论和主观幸福论这两种个人主义幸福论，他也委婉地进行了批判。[44]

心理学家内特尔将幸福分为三个阶段：第一阶段是快乐和喜悦等情感，第二阶段是对人生的评价和满意度，第三阶段是自我实现的幸福。他强调幸福的三个阶段是紧密相连的。[45] 简而言之，仅仅通过主观情感，如每个人感受到的快感等，并不能准确定义幸福。心理学家卡罗尔·里夫（Carol Ryff）及其同事也持有相似的观点，他们主张，幸福不会仅仅停留在第二阶段，人类的幸福包含更广泛的一系列要素。所谓一系列要素，不仅包括快乐和没有痛苦的人生，也包括个人的成长和人生的目的、对周围环境的适应能力和自觉能动性等[46]。

心理学从主观层面和个人主义观点出发定义幸福，对于这一点，哲学家和社会学家比心理学家持有更加强烈的批判态度。哲学家金善郁在《幸福的哲学》一书中说道：

>"我们经常习惯于把幸福看作心理现象。也就是说，我们习惯把幸福仅仅看作情感问题。但是这种情况很容易让我们变得自欺欺人，忽视现实中的不正义和他人的痛苦，将所有的事情看作心理问题。
>
>"虽然幸福确实受心理状态的影响，但是能够对人产生影响的事物都会对幸福产生一定的影响。"[47]

| 第二篇 |
伪幸福处方

虽然一些心理学家力图将自我实现的幸福划归到幸福的概念中,但是大部分热衷于享乐主义的心理学家把幸福归结为个人的、主观的快乐或对生活的满足感。然而这种定义严重歪曲了幸福的概念。

束缚在个人牢笼里的幸福

幸福分为个人幸福和社会幸福。所谓社会幸福,指的是多数人的幸福、集体的幸福。作为社会性存在,人终生在集体和社会中生活。因此,集体的幸福和个人的幸福总是密切相关。父亲失业后,整个家庭变得不幸福,在这种情况下,母亲很难独自获得幸福。韩国沦为日本的殖民地后,生活在日本殖民统治下的韩国个人,几乎不可能获得幸福。可以说,大多数人不幸福,社会或集体也不可能幸福。

如此,集体或社会的幸福与个人的幸福紧密相连、密不可分。若要讨论幸福,必须考虑社会幸福和集体幸福。但是心理学故意忽视了社会幸福,只关注个人幸福。对此,心理学家艾伦说道:

> "积极心理学倾向于把关注焦点放在个人身上。积极心理学进行研究时,一般先寻找在既定环境中幸福生活的个人,研究有助于他们获得成功的性格特征,进而对其做出总结……在马丁·塞利格曼的著述和研究中,我们能够轻松发现这种倾向于个人主义的做法。"[48]

真正的幸福

心理学把幸福狭义地解释为个人的幸福，从而把幸福束缚在个人的牢笼中，最终导致现在的幸福沦为追求个人的快感或满足。"今天的幸福指的是优先考虑自己……幸福完全属于个人的文化领域。"[49]正如哲学家福柯这句话所言，幸福已经沦为个人利益的代名词。

心理学忽视社会幸福，只谈论个人幸福，认为幸福与社会无关，需要凭借个人努力去争取。幸福咨询师兼神经科学家保罗·扎克（Paul Zak）认为，幸福就像"肌肉"[50]。他主张，锻炼肌肉会使身体强壮，幸福也可以通过努力源源不断地获得。当然，这种主张略优于宿命幸福论或者遗传幸福论，因为比起默默忍受不幸，鼓励人们为了获取幸福而努力更值得被赞扬。但是，仅仅将幸福狭义地解释为个人的幸福会产生如下问题。

第一，歪曲幸福的概念，会使人们离幸福越来越远。很多有关幸福的书在序言部分告诫人们，如果不知道幸福是什么，只是一味地去追逐，这样做是绝对不会幸福的。同时，书中从个人主义的观点出发定义幸福，开始对幸福进行毫无营养的长篇大论。这种书籍会让读者认为，"幸福是个人的问题，与社会没有什么关系。我们不需要关心世事，只需要好好照顾自己。"但是如果大多数人只追求个人的幸福，社会整体的幸福水平就会下降，最终，个人的幸福水平也会降低。

个人的幸福与他人的幸福、集体的幸福以及社会的幸福密切相关。心理学家内特尔说过,"我选择某个事物能够获得多大的幸福是由其他人选择的东西决定的。如果其他人和我一样只拥有一辆小汽车,那么一辆小汽车甚至是自行车都能使我得到满足。"[51] 他强调个人的幸福和社会的幸福密切相关。如果不能正确定义幸福,只定义个人幸福,会让人离幸福越来越远。

第二,将不幸福的原因归结到不幸福的人身上。幸福完全取决于个人,这种错误的见解会让人们得出一个荒唐的结论:"幸福的人会为了自身的幸福而努力,所以他们能够获得幸福;不幸的人缺乏这种努力,所以才会变得不幸。"一些心理学家担心,积极心理学过分强调积极性和个人主义,这样做会使积极心理学的个人主义犯一个错误,即指责不幸福的人。[52] 仅仅强调个人幸福的幸福论,会让人们感觉"你不幸福?那是你的问题"。这种幸福论认为,穷人的不幸福不是因为贫困或不完善的社会制度,而是因为穷人思想不积极或太过懒惰,进而将贫困的原因归结到穷人身上。

正如心理学家戴维斯所言,"这个极其个人化的议题中隐藏的意图是,将贫穷和失败的原因归结到个人。"[53] 幸福的个人化并不单纯是因为学术的无知或失误,它代表了统治阶级想要阻碍社会进步的意图。假如大多数群众认为不幸福是一种社会问题,那么要求社会改革的呼声就会提高。相反,假如大多数群众认为不幸福是个人的问题,那他们就不再关心社会问题,而是将不幸福的原因归结到自己，注重自身的发展。因此，反对社会进步、害怕群众反抗的资本主义统治阶级将幸福彻底个人化，给对他们忠心耿耿的心理学送上掌声，这也是理所当然的事情。资产阶级支配着资本主义社会，他们主张，贫穷是因为懒惰或个人能力不足，自杀是因为意志薄弱或患抑郁症，犯罪是因为遗传基因或精神疾病作祟。简而言之，资产阶级固执地主张，幸福以及人们所有的成功和失败都取决于个人而不是社会。但是正如下述犀利的指责所言，将所有的责任归结到个人身上，即使暂且不提这种动机不纯的意图，我们也能明白，这仅仅是一种与事实完全不符的痴心妄想。

"竞争性的、抑郁的文化将所有成功或失败的原因归结到个人的能力和努力，还有什么情况能像这种情况一样，无法摆脱痴心妄想呢？"[54]

第三，激化人与人之间的矛盾。在竞争激烈的社会中，如果幸福取决于个人的观念被普遍接受，必然会导致人们争相追逐幸福，力求比他人更幸福。在不幸福就意味着落后的社会中生活，人们会因自己的不幸福感到羞愧，并想将其隐藏，深受"要比他人更幸福"的强迫观念的折磨。因为人们相信，在竞争中获胜就意味着比他人更幸福。因此人们之间展开了激烈的幸福竞争，幸福沦为在竞争中获胜的标尺。对于这种世态，

| 第二篇 |

伪幸福处方

哲学家卓石山①感叹道:"所有人都想要幸福,为了幸福付出各种努力。甚至认为如果不幸福,自己的人生就非常失败。"⁵⁵心理学一方面建议人们不要攀比,要抛弃竞争心理;另一方面又散布个人主义幸福论,激化人与人之间的矛盾。

当然,研究幸福的心理学家也会建议人们,要怀有宽容感恩之心或待人亲切。但是,这样做的理由,并不是他们觉得社会幸福、集体幸福是重要的,而是这样做能够"对自己有用"。简而言之,因为对个人的快乐或幸福有帮助,所以才要与人为善,心怀感恩。反过来说,如果对个人没有帮助,那么不关心邻居或社会也没问题,甚至伤害别人也无妨。如此,心理学从头至尾站在个人利益或竞争的观点上讨论幸福。作为新自由主义时代的代表,耐克的广告语"Just do it"(想做就做)和麦当劳的广告语"Enjoy more"(享受更多),便蕴含着个人主义幸福论的精髓。今天的心理学宣扬"为了享受更多快乐,果断去挑战吧,那样会获得幸福",这正是鼓励人们争相追逐个人的幸福。

我还想提的一点是,精神状态良好的人比较容易保持乐观的心态,精神状态不好的人却很难做到。精神状态良好的人,大多非常乐观,对他们而言,转换心情会更加幸福的建议几乎没有帮助。那么,对精神状态不好的人(可能现在生活在资本主义社会中的大多数人都属于这一类)来说,转换

① 韩国哲学家,代表作有《韩国的整体性》《韩国的主体性》等。——译者注

心情会更加幸福的建议有帮助吗？好像并不会。精神状态不好与难以乐观地思考或体验到正面的情感是相通的。因此，对这些人说要乐观开朗，就好比跟抑郁症患者说，你要开怀大笑，每天要出去积极运动，等等。这些话很可能对他们没有任何帮助。

转换心情会获得幸福的建议，事实上对人们几乎没有任何帮助，这是一种可有可无的心灵处方。如果这样的心灵处方能够带给人们幸福，那大多数的美国人或韩国人真的会获得幸福。但是，美国人和韩国人并不幸福，这难道是因为听多了"转换心情会获得幸福"的建议而感到腻烦，所以再也听不进去了吗？

大多数心理学家关注个体之间的幸福差异，散布个人主义幸福论。与这些心理学家不同，大多数社会科学家关注集体之间的幸福差异，站在社会的角度讨论幸福，发表了一些审视资本主义制度和幸福之间关系的研究。这样的研究表明，不进行社会改革，只通过个人的努力很难获得幸福。他们主张，只通过个人的努力，不可能获得幸福，必须解决不平等问题，建设所有人都能够幸福生活的社会。对于这个问题，我会在后面的章节中进行详细的介绍。

第二篇
伪幸福处方

幸福谎言之"幸福取决于自己的内心"

心理学提倡的幸福论是主观幸福论。这种幸福论与享乐主义幸福论以及个人主义幸福论是相通的。这是因为,"快乐或幸福取决于个人"意味着个人的主观心理可以决定自己是否幸福。关于元晓大师①有一个很著名的故事,他早上起床发现,昨晚喝的水竟然是盛在死人头骨里的水。由此他领悟到一个真理:"所有的一切都取决于自己的内心。"这种有教育意义的故事强调的是主观心理或主观因素的重要性,然而,心理学将其盲目地引入关于幸福的讨论,从而陷入了主观幸福论的泥潭。心理学家李珉圭②在《幸福也是一种选择》一书中,提出如下观点:

> "反复经受不幸遭遇的人们,通常会从外部环境中寻找原因。但是,如果身边哪怕只有一个人,这个人即使承受着同样的伤痛也过着幸福的生活,即使做着同样的事情

---

① 元晓大师,朝鲜新罗时代的佛教大师。——编者注
② 韩国临床心理学专家、韩国亚洲大学心理学教授,代表作有《十几岁,决定你的梦想与幸福》《有魅力的人,和你有 1% 不一样》等。——译者注

也能取得非常出色的成就，我们就需要转换一下思路。因为，幸福与不幸福并非取决于我们无法控制的外部环境，而是取决于我们对待环境的心态。"[56]

诚然，乐观地看待身边发生的事情和所处的环境，这在一定程度上有助于人们的心理健康或幸福。例如，想要过马路时，突然信号灯变成红灯，相比于"啊，真倒霉，事事不顺"的想法，"太好了，正好可以稍微歇一歇再走"的想法更有助于身心健康。但是，通过改变主观想法获得幸福，存在明显的局限性。

如果一直受到公司领导的压迫，单凭改变自己主观的想法能有多少帮助呢？如果把领导的压迫理解为"领导之所以那样，是因为重视我、爱惜我，这是多么开心的事啊"，或者"这不是压迫，领导也有可能扇下属耳光嘛"，这样歪曲现实，幸福指数就能升高吗？这种自欺欺人的想法，可能在遭受压迫的瞬间能够减轻痛苦或者让自己开心，但是一味默默地承受压迫，可能会招来更大的不幸。

┆ 携手主观唯心主义的心理学

哲学上的唯心主义分为客观唯心主义和主观唯心主义，主观唯心主义与当今的幸福心理学是相通的。所谓主观唯心主义，简单来说是一种缺乏科学依据的世界观。这种世界观认为，世

第二篇
伪幸福处方

界是个人主观意识的产物,人类的主观意识和感觉是世界的起源,现实世界中存在的所有事物都源于人类的主观意识和感觉。根据主观唯心主义者的说法,现实世界中存在的所有事物,如山脉、大海甚至是人等,都是因为"我"的存在而存在。例如,早晨打开家门去上班,如果现在"我"的意识中没有家的存在,那现实中的家是否存在都是未知的(当然,在现实生活中主观唯心主义者并不会怀疑家是否存在,所以下班后,他们不会特别怀疑或担心家是否存在,而是直接回家)。

这种主张有多荒谬,我们无须多言。因为我们知道,包括地球在内的物质世界在人(人的意识)出现之前就已经存在。因此在科学技术高度发达的今天,作为拥有健全思考能力的人,没有人会相信唯心主义者这种荒谬的说法。在幸福论方面情况却稍有不同。许多心理学家主张,幸福或人生价值等取决于人的想法。这种观念实际上与主观唯心主义世界观一脉相承。人们几乎不相信主观唯心主义哲学,不认为世界上所有的事物都是个人意识的产物,却相信主观唯心主义幸福论,认为幸福取决于个人的想法。

过去,主张主观唯心主义幸福论的哲学家们说过,只要调整好心态,人人都可以获得幸福。他们甚至提出了下述诡辩:

"斯多葛学派的哲学家认为,即使人们各自的生活条件和环境不同,但通过强化自己的意志便能够获得幸福。

> 他们说：'圣人在法拉里斯的公牛中也可以获得幸福。'法拉里斯的公牛是一个拷问刑具，形似公牛，犹如一口大锅，把人放在里面，盖上盖子，点火后慢慢将人烤熟。"[57]

正如主观唯心主义哲学是无稽之谈一样，主观唯心主义这种对幸福的观点也是无稽之谈。乞丐或露宿街头的人，他们的生活可能是幸福的生活吗？哲学家亚里士多德曾强调，奴隶不可能获得幸福，最主要的原因是，社会并不具备使奴隶获得幸福的客观条件。[58]

积极的想法或乐观的态度有助于人们保持心理健康、获得幸福，但这并非意味着幸福取决于个人的想法。可以说前者是正确的，但后者不过是主观唯心主义的无稽之谈。即便如此，许多心理学家或许是因为无法区分两者的差异，公然主张主观唯心主义幸福论，并巧妙地将两者混为一谈，使人们无法区分两者的差异。

李珉圭曾说："人们感到不快乐是因为自己觉得不快乐，人们感到不幸是因为自己觉得不幸福。因此，摆脱消极的情绪其实很简单：丢弃消极的思考方式，选择积极的思考方式便可以了。"[59] 同时他主张，"如果我们内心选择的是幸福，那不仅每天早上在家里的时候，我们会感到快乐，甚至去工作的时候，我们也会感到快乐。"[60]

心理咨询师郑东燮曾说："幸福取决于我们如何认识和看待

周围的环境。"[61] 他还说："今天的你或幸福或悲惨，这都取决于你内心的想法。"[62]

虽然徐恩国强调的不是想法而是情感，但他同样曾说："不需要凭借某种标准判断对错，也无法与别人比较孰优孰劣，幸福是一种极度的个人体验。"[63] "与别人的眼光和评价无关，做自己喜欢的事情就是幸福。"[64] 幸福取决于个人内心的快乐，如果每个人追求各自内心中独有的快乐，那么人人就都能够获得幸福。听到这种话，人们会瞬间觉得"原来幸福取决于自己的内心。获得幸福一点儿也不难啊。"但是，依靠主观心理获得的幸福，只占全部幸福极小的一部分。幸福并非取决于主观观念或主观心理。

人工幸福会助长歪曲现实、回避现实之风

根据主观唯心主义的观点，人们看到狮子感到恐惧不是因为狮子本身，而是因为人们认为狮子是危险的猛兽。人们在战场上感到恐惧也不是因为战争，而是因为人们认为战场很危险。因此，如果把狮子看作可爱的猫咪而不是危险的猛兽，人们便会感到幸福；把战场想象成美丽的度假村，人们也同样会感到幸福。如此，主观幸福论主张，通过调整心态或获得精神胜利，人们就能够幸福。但是通过调整心态或获得精神胜利来追求幸福，首先会面临一个极大的风险，那就是助长歪曲现实、回避现实之风。

真正的幸福

把狮子看作可爱的猫咪而不是危险的猛兽，是脱离事物本质、歪曲客观现实或事实的行为。遭受压迫却不认为受到压迫、被剥夺自由却依然认为自己拥有自由、不幸福却认为自己很幸福等，也是歪曲现实的行为。积极的想法或乐观的态度偶尔会发挥作用，但很明显，这种作用是有限的。我们打个比方，把月牙看作半月或把半月看作满月还是可以接受的，但是把月牙或半月看作太阳而不是月亮，这是不可能的，也是完全不可取的。如果积极的想法或乐观的态度泛滥，以至于达到歪曲现实的水平，那人们辨认现实本质的客观认知能力就有可能受到极大的损害。

歪曲现实并不是打算直面现实或改变现实，而是逃避现实。主观幸福论不仅会助长歪曲现实的风气，也会助长逃避现实的风气。对此，心理学家戴维斯曾经这样说道：

"感到举杠铃很痛苦的时候，有两种选择。第一种是减轻杠铃的重量，第二种是减少对痛苦的关注。21世纪初期，在'恢复力'训练、正念、认知行为治疗等领域，越来越多的专家们提出的建议都与第二种选择一致。"[65]

因为杠铃太重，举杠铃感到痛苦的时候，当然要减轻杠铃的重量。在这种情况下，如果歪曲事实，主观上一味强调杠铃根本不重，继续举杠铃，那会损伤自己的身体。同理，把狮子

| 第二篇 |
伪幸福处方

看作可爱的猫咪或把战场想象成度假村时,可能会给心灵带来瞬间的安慰,但最终可能会导致人的死亡。

主观幸福论不会使人们直面现实,而是会使人们逃避现实。人们并不能随心所欲地改变主观心理,加之制药公司追求利润的欲望,现在在美国,通过药物来调节情感和想法(想法受情感的影响)的行为非常流行。从几十年前开始,在美国,越来越多的人并不是仅仅通过改变自身的想法或观念,而是通过服用药物转换心情(情绪),来获得幸福。在当今的美国,对那些因为不幸的现实而遭受痛苦的人而言,如果劝告他们拥有乐观的态度没有太大的作用,那就要通过药物来减少不幸。美国医生罗纳德·W. 德沃金(Ronald W. Dworkin)在《人工幸福》一书中,描写了一个因与妻子不和而承受精神压力的人。

> "吃了药,不幸的感觉会消失几周,但是造成不幸的原因依然存在。约翰曾经这样说过:'我妻子依然是个坏女人!我忍无可忍。不过,现在没关系了。不管怎样,现在心情变好了。'悲惨的婚姻生活和幸福的心态形成了鲜明的对比。"[66]

通过服用药物,约翰的内心不再感到痛苦和不幸,但他并不打算解决与妻子之间的矛盾,因此,他也无法消除产生不幸的客观原因。即便如此，通过不断服用药物，他的心情会变好。享乐主义幸福论认为，快乐就是幸福，按照享乐主义幸福论的观点，只要一直服用药物，虽然约翰在客观现实中是不幸的，但在主观心理上是幸福的。

即使在客观现实中并不幸福，但通过药物改变自己的情绪和想法，会在主观上产生一种错觉，认为自己很幸福，德沃金把这种幸福定义为"人工幸福"（artificial happiness）。人工幸福并不仅仅指通过药物改变自己的情绪和想法而获得的幸福，通过积极的想法或乐观的态度歪曲和回避不幸的现实，在主观上产生的幸福错觉，也可以被看作人工幸福。人工幸福可以说是主观幸福论最终的归宿，这种幸福会促使人们歪曲并逃避现实，导致人们在客观现实中走上不幸的道路。

"人工幸福的特征是拥有否定现实生活的力量。体验着人工幸福的人，即使生活得很悲惨也不会认为自己很悲惨。实际上生活得非常痛苦，但他们并不感觉十分痛苦。不管出现多么糟糕的事情，他们的心情都非常愉快，好像谁也无法让他们伤心。现在，在美国体验着人工幸福的人数量庞大，足以形成'人工幸福的美国人'这一新兴社会阶层。……他们的生活和心情之间的联系正在逐渐消失。"[67]

| 第二篇 |
伪幸福处方

幸福谎言之甜言蜜语"小确幸"

今天的心理学回避社会幸福,只讨论个人幸福;否定客观幸福,只强调主观幸福。心理学得出的幸福处方只能适应社会,而不能影响社会。主流心理学认为,幸福与社会或环境几乎没有关系,是个人的、主观心理的附属物。如果想获得幸福,不要白费力气地改变环境,要改变自己。简而言之,就是乱开所谓"要做好自己"的幸福处方。对于这种行为,哲学家卓石山批判道:

"虽然幸福离我们十分遥远,我们身边却有很多人告诉我们该如何获得幸福。他们主要是心理学家、广告商还有自称幸福传道士的人。他们展示幸福处方的手段五花八门,心理学家通过各种实验结果、广告商通过吸引人眼球的广告文案、幸福传道士通过自身的经历。但他们的幸福处方中有相通的部分,那就是'乐观地思考''感恩的心''微笑和分享''不要攀比'等。"[68]

不幸福吗？适应吧！

主流心理学乱开幸福处方，呼吁人们改变自身而不是改变世界，为什么会出现这种情况呢？首先是因为心理学的错误观念，即社会或环境对幸福几乎没有影响。这种错误的观念主要表现在，心理学歪曲了个体之间幸福差异的研究结果，并将其盲目地应用于解释普遍幸福。许多心理学家基于这种错误的认识，主张"改变环境才能获得幸福的观念"是错误的，他们高呼"幸福取决于我们自己"。[69]

其次，心理学劝告人们不要改变世界而要改变自己的另一个原因则是失败主义。我曾反复强调，心理学关注的焦点是个人。心理学在观察社会时，完全站在个人的角度，而个人在社会面前是无力的。换句话说，个人无法改变社会，只有社会群体才可以。

社会群体是变革社会和创造历史的主体。古代奴隶制由于奴隶彻底的抗争而灭亡，中世纪的封建制度则在新兴资产阶级和农民的斗争中走向终结。即使在资本主义社会中，人们依然为了争取更好的未来而奋斗。如此，虽然个人无法改变社会，但是社会群体可以。个人通过团结合作，形成社会群体，才能从无助中获得解脱，成为社会和历史的主体。

但是，心理学无法摆脱个人的牢笼，并不关注集体与社会的关系，只研究个人与社会的关系。这样的研究得出的结论是

| 第二篇 |
伪幸福处方

显而易见的，那便是"个人无法改变世界"。但是，心理学悄悄地夸张了这种结论，将其歪曲为"人类无法改变世界"。孤独无助的个人无法改变世界，个人能够做的事情只有改变自己。心理学这种"人类无法改变世界"的伪命题源自失败主义。李珉圭曾在《幸福也是一种选择》中说道：

"如果我们遇到令我们不幸的障碍，我们有两种选择：清除障碍，或者改变自己。但是，遗憾的是，世界绝对不会为了我们而改变。因此，如果对生活不满意，我们最先做的应该是改变自己。"[70]

虽然他承认世界上存在阻碍人们获得幸福的事物，但他认为改变世界是不可能的，劝告世人要改变自己。基于同样的道理，李珉圭主张，"我们身边发生的事，有90%我们无法随意改变，我们能随意改变的只有10%。……而且，我们的命运取决于我们可以随意改变的这10%。"[71] 他认为，改变想法或观念也不能解决的事足有90%。但是，人们对只有改变世界才能解决的这90%感到无能为力，所以他建议人们要关注与主观心理相关的10%。简单来说，与获得幸福有关的事件中，我们要放弃90%，只关注剩下的10%。

心理学家内特尔说过，"幸福并非来源于世界，而是来源于人们对待世界的方式。"他还说："相比于改变自己周边的世界,改变自己可能更容易。"[72]虽然他说得很委婉,但他同样也认为,改变世界几乎是不可能的。"不要改变世界,要去适应。为此,要改变主观心态。"这正是心理学给人们开的幸福处方。

心理学站在个人的角度看世界,深受失败主义的影响,认为世界不可能改变。心理学这副丑陋的模样,会让人联想到以下画面:

> 医生劝告病人,果断地放弃药物治疗,为了改变现实而努力,但患者一脸无力地回答道:"我也想过自己的人生。……反正没办法改变自己的人生,至少改变一下自己的心情又有什么不可以的呢?"[73]

如果我们真的相信世界和人生无法改变,那除了改变主观想法或心情,其他的我们无能为力。心理学基于失败主义,在社会上广泛传播伪理论和荒诞的幸福处方。因此,经常读心理学书籍的人们、熟悉心理学理论的人们更认同个人主义和主观主义,相比于改变世界,他们更倾向于适应世界。

┆ 代替真正幸福的"小确幸"

前面已经提到,决定个体之间幸福差异的因素中,遗传占50%,环境占10%,主观心理或行为占40%。如果将个体之间

| 第二篇 |
伪幸福处方

幸福差异的研究结果，歪曲为普遍幸福的研究结果，并将之用来说明普遍幸福的问题，会带来什么样的幸福处方呢？首先，由于个人无法随心所欲地改变先天的遗传基因，因此这50%不得不放弃。环境对幸福的影响只有10%，而且改变环境相当困难，所以，这10%当然也是放弃为好。两者一整合，就会得出一个结论：决定幸福的因素中，需要放弃60%。最终，个人想要获得哪怕一点点幸福，也只能取决于剩下的40%。简而言之，心理学宣扬的幸福处方是果断放弃60%的幸福，通过调整心态或获得精神胜利，在生活中体验40%的幸福。当然，这种计算方法非常荒唐。因为这种计算方法歪曲地应用了关于个人之间幸福差异的研究结果。

对幸福产生最大影响的因素是社会，这点我们会在后面详细讨论。我认为社会对"幸福"产生的影响几乎接近80%，但是暂时我们先退一万步，假设是60%。然后，我们假设，决定"个体之间幸福差异"的因素与剩下的40%（其中，包含社会在内的环境占10%）有关。在这种情况下，主观心理或行为对幸福产生的影响会缩小到16%①。因此，事实上心理学的幸福处方，并不是将所有的幸福寄托于40%的可能性上，而是更少的16%（当然，实际上更低）。单纯从概率上来考虑，

---

① 根据幸福50∶10∶40理论，主观能动性占比为40%，而"决定个体之间幸福差异的因素与剩下的40%有关"，所以，主观能动性的最终占比为 40%×40%=16%。——编者注

真正的幸福

获得幸福最有效的方法当然是将希望寄托于60%的可能性上,而不是16%的可能性。我们假设高考成绩的影响因素中,能力占60%,内部审核占20%,心态占16%。如果想考上大学,最重要的是努力学习。心理学却要求学生不需要学习,只需要调整好心态就可以。这自然是一种无稽之谈,必然会导致高考考生落榜。

心理学的幸福处方认为,人类无法改变社会和遗传基因,若想获得幸福,只能寄希望于剩下的较低概率的因素,这与"小确幸"是相通的。小确幸指的是"微小但确实存在的幸福"。在劳累困苦的生活中,降低对幸福的期望值,通过微小但容易实现,并确实能够安慰个人内心的消费或行动来争取幸福,这便是小确幸。小确幸的前提是,放弃改变现实生活或社会的想法,也放弃难以实现的生活目标。

如果安于现状,甚至放弃远大的人生目标,人们到底从哪里能感受到哪怕一点点的幸福呢?只能从日常生活中感受到小小的快乐。在繁重的职场生活中很难感受到幸福,只能在午饭时间,喝杯咖啡的同时感受快乐;一周的工作中,很难感受到幸福,只能周末去旅行,在欣赏美丽的风景时感受到快乐,这些便是小确幸的本质。全炳柱[①]在《假如生活在幸福的国度,我也会幸福吗?》一书中,描述了他对小确幸的流行感到的忧虑:

---

① 韩国心理学作家。——编者注

| 第二篇 |
伪幸福处方

"现在的人们更加拼命地追求个人幸福。工作与生活的平衡、人生只有一次、小确幸、性价比等,让人感到,好像为了抓住幸福这根救命稻草,人们打起了十二分精神。但是,那种幸福好像在引导人们放下或放弃什么,更不要对周围的事物上心。这不禁让人忧虑,现在传播的这种幸福论是不是仅仅关注极其个人的部分?"[74]

小确幸的前提不是进行社会改革,而是适应社会。而且,小确幸只重视主观的和个人的幸福,认为只有相信享乐主义幸福论、将快乐看作幸福才是合理的。适应主义幸福论、个人主义的幸福论、主观幸福论以及享乐主义幸福论都是心理学里典型的幸福论。从这一点来看,可以说,心理学的幸福论和小确幸是完美契合的。如果心理学没有歪曲幸福的含义,没有宣扬荒诞无稽的幸福论,那么可能并不会出现小确幸这种社会现象。

落水的人,即使遇到一棵稻草也想抓住。同样,生活在不幸中的人们,即使遇到一点点快乐和喜悦也想拼命抓住。因为,如果不这样就难以承受生活的压力。我们不能责备那些在生活中寻求些许快乐和喜悦的人。但是,小确幸离真正的幸福十分遥远。我们需要记住,如果热衷于寻求小确幸,那我们会离幸福越来越远。

真正的幸福

伪幸福处方泛滥的心理学

通过改变主观心理追求幸福的行为并不能带给人们幸福，这主要是因为，幸福产生的条件大多与社会有关。很久以前，哲学家卢梭曾经说过，"导致人们不幸的罪恶来自社会。"[75] 伏尔泰（Voltaire）曾经强调："即使一个人有能力获得幸福的生活，但他所处的世界和社会，会使他不断地陷入不幸。"[76] 同样，吴延浩①在《我们也能够幸福吗？》一书中谈道："如果社会不能提供完善的福利制度，如果社会制度无法保障维持人类尊严的基本收入，那么每个人承受的压力只会越来越大。"[77]

美国盖洛普民意调查机构针对 150 个国家的 1 500 名对象进行了一项问卷调查，确认了幸福包含五个方面，即职业层面的幸福（工作）、社会层面的幸福（人际关系）、经济层面的幸福（财务状况）、身体层面的幸福（健康状况）、集体层面的幸福（社会参与度）。[78] 盖洛普幸福报告中强调，人们只有在这五个方面均维持一定的幸福水平，才有可能获得真正的幸福。[79] 同时报告中还指出，获得幸福并不难。但事实果真如此吗？只要转换心情，就能在这五个方面都获得幸福吗？

---

① 韩国记者。——编者注

| 第二篇 |
伪幸福处方

职业层面的幸福，基本上与满意的工作有关。自愿地、开心地工作才能够获得幸福，这是理所当然的事实。但是，如果人们想要在工作中感到快乐，首先要保证自己拥有选择工作的自由。只有能够自由地选择自己想做的事情，才能开心地工作，不是吗？现在，大部分韩国人不会选择自己想做的工作，而是选择收入高的工作。例如，人们想成为医生并不是因为想通过行医为社会做贡献，而是想赚很多钱并且得到他人的尊重。人们从事体力劳动也是因为无法自由地选择工作。不仅失业率高，而且需要体力劳动的绝大多数工作，都有一个共同的特点：底薪低、工作时间长。在这种情况下，人们能够按照自己的能力或意愿选择自己喜欢的工作吗？

与韩国人不同，北欧人可以做自己想做的工作。各个职业之间的收入差距较小，所以不管从事哪种工作，人们都不会感受到生存焦虑，而且得益于职业不分贵贱的社会风气，人们也不会担心得不到他人的尊重。如此，仅从职业选择的问题来看，我们也清楚，工作中获得的幸福基本上取决于社会现状，而不是个人的主观心理。

社会层面的幸福，从狭义上来说，与生活中健康的人际关系有关。但是在韩国，欺凌现象随处可见。韩国人的心理健康状况急剧恶化，共同体意识几乎完全崩溃。在这样的社会中，单凭个人的努力，真的能够在生活中维持健康的人际关系吗？阶级分化导致韩国社会的不平等、不和谐现象非常严重，因此，韩国人要想维持健康的人际关系简直难如登天。现在，家庭成员之间的关系也日益恶化，这样的现实，使人与人之间更难维持健康的人际关系。

与韩国不同，在北欧，国家为个人的生存负责，不平等现象并不严重，因此，社会上几乎不存在欺凌现象，人们的精神状态相对较好，共同体机制也比较健全。生活在这样的社会里，大多数人能够维持健康的人际关系。如此，社会层面的幸福（人际关系）并非通过转换个人的心情就能够实现，只有生活在和谐的社会里，人们才可能实现社会层面的幸福。余下的三方面幸福我觉得无须多谈，但很明显，这五个方面的幸福基本上都取决于社会环境。

2006年7月，英国的进步主义智囊团——"新经济基金"组织引入"幸福星球指数"这一概念。"幸福星球指数"重视"社会的可持续发展"。2009年以后实施的第三次调查显示，哥斯达黎加是世界上最幸福的国家。哥斯达黎加人的幸福秘诀是什么呢？是他们经常拥有乐观的心态吗？哥斯达黎加并不是特别富裕的国家，但是，与美国、英国等发达国家相比，哥斯达黎加拥有更健全的福利制度。[80]

在比较幸福水平的许多调查中，哥斯达黎加等国的幸福排名比较靠前，但这并不是因为积极心理学影响广泛，使人们能够随心所欲转换自己的心情。真正的原因是，社会福利制度完善或国家体制健全，人们能够维持良好的人际关系。但是，

| 第二篇 |
伪幸福处方

在那些所谓的发达国家（如美国、英国、法国、德国等）中生活的人们，每三人中就会有一人晚上害怕在自家附近散步。[81] 人们之所以会不安，是因为这些国家的犯罪率极高。面对现实生活中的高犯罪率，并不能通过调整自己的心态——"我会没事的，最多被刺伤。"——来减少不安。相反，社会和谐，犯罪率下降，才能减少人们内心的不安。

即使我们不讨论幸福产生的条件大多与社会相关这一事实，我们仍然会面临一个问题：转换心情并不容易。心理学在煽动人们追逐个人幸福的同时，却自相矛盾地劝告人们要抛弃欲望和私心。但是，在资本主义社会中，金钱凌驾于人类之上，这种事情真的可能发生吗？当然，会有极少数人能够达到这种境界，但是，对大部分人而言，这是不可能的。对于生活在现代资本主义社会中的人们，心理学家戴维斯曾劝他们不要听信心理学的幸福处方，他说：

> "由于积极心理学反复强调幸福取决于个人的'选择'，因此许多人即使知道自己在追求消费主义和自我中心主义，却无法找到摆脱这种生活的出路。"[82]

人们为了缓解焦虑而执着的东西

在当今贫富不均的社会中，人们体验到前所未有的焦虑。[83]

真正的幸福

几乎没有人可以承受得了极度的焦虑,因此,现在的人们基本上是为了缓解焦虑而活。为了缓解焦虑,人们渴望财富,并执着于不断地赚钱。生活在贫富不均的社会中,人们几乎不可能摆脱对金钱的过度渴望,也不可能抛弃私心杂念。因为人们很清楚,这样做会给自己带来生存危机,也会让自己被无视,从而更无法消除内心深深的焦虑。因此,在读书的时候,人们会暂时认同心理学崇高的建议,但是回到现实社会生活中,会马上将这些建议完全抛掷脑后,全力追逐金钱和利益。经济学家李正典曾经指出:社会不改变,心理学的建议便很难流行。同时他还说:

> "积极心理学劝告人们要宽以待人、心怀感恩。但是,在竞争日益激烈的社会中,我们真的会牺牲自己做出让步,从而感恩自己的生活吗?就因为存在这种因素,阻碍个人为获得幸福而努力,所以资本主义发达国家的国民即使生活得很好,也不可能继续获得更大的幸福。……换言之,为了获得幸福,需要大家共同努力,国家也需要制定相应的政策。"[84]

事实上,许多心理学家都很清楚,精神疾病和幸福等基本上都是社会问题。心理学家戴维斯曾经说过:

| 第二篇 |
伪幸福处方

"许多心理医生和临床心理学家比其他人更加清楚,他们收钱解决的问题,并非源于个人的心理或身体,抑或家族病。这些问题源于社会、政治或经济的衰退。"[85]

即使知道幸福基本上由社会决定,但是绝大多数心理学家几乎并不关心社会。正如俗话"难上之树不可仰"①所言,这是因为他们信仰失败主义,认为世界无法改变。逃避社会问题,可能会得到暂时的心理安慰,但绝对不可能走向幸福。因为社会对幸福产生绝对的影响,只有改变环境,人们才能够获得幸福。

通过逃避现实追求幸福,这不仅是一种错误的行为,也绝对不可能获得幸福。离开现实的幸福、离开生活的幸福是不存在的。

心理学阻碍社会变革

哲学家卓石山曾说过,心理学处方倡导通过调整心态或获得精神胜利来追求幸福,这种心理学处方虽有助于维持现状,但同时他还批判道:

"他们还说怨天尤人也是愚蠢的行为。他们的教诲是,

---

① 韩语中的俗语,指"爬不上去的树根本就不要看"。——编者注

怨天尤人之前，要将自己内心用来观察世界的镜子擦干净。……世界的问题要按照世界的标准、以世界的方法来解决。即使自己的内心想要休息，世界也不会轻易放过我们。即使我们善良诚实地生活，得到的也只是不公平的对待。这就是现实。……如果说不去理会这种现实，心平气和地调节自己的内心，世界就会看起来有所变化，那这无意中便有助于维持现状。"[86]

心理学的幸福论有助于维持现状，这无疑表明心理学会阻碍社会变革。少数心理学家已经开始批判心理学阻碍社会变革。心理学家艾伦担忧道："如果积极心理学（过度？）强调'积极的力量'和个人创造自身幸福的能力，那么由于这种对个人权力的信仰，要求社会变革就会沦为无关痛痒的小事。"[87] 同样，心理学家戴维斯也担心，积极心理学可能被用来阻止社会改革；他主张，相比于改变不利的环境，资本家更倾向于通过调整工人的心态来解决生产力问题。

此外，社会批评家芭芭拉·艾伦瑞克（Barbara Ehrenreich）等担心，积极心理学会钝化人们对社会改革的需求，同时主张，"相比于呼吁改变社会现状，积极心理学更倾向于建议个人做出改变。"[88] 她还批判道："积极心理学强调个人主义，将解决幸福问题的责任过多地分配给了个人，反而压制了人们对社会变革的需求。"[89]

| 第二篇 |
伪幸福处方

资本主义社会中,主流心理学总是代表着资产阶级的利益。简而言之,心理学是一门保守主义的御用学科。心理学家艾伦承认心理学是政治上的保守学科,同时他还说道:

> "试想一下,心理学研究的是个人,因此,无论结果好坏,心理学寻找权宜之计(例如:控制或者因果报应)时,主要倾向于个人,而不是人们生活的政治经济体系。这种强调个人权利和责任的观点是保守政治哲学的根本,但与强调社会政治构造重要性的进步主义观点有很大的差异。在心理学课程中,我们很容易看到保守主义教导我们如何适应环境,而不是改变个人生活的环境。"[90]

正如艾伦所言,一般情况下,对于造成贫困或不幸的主要原因,保守主义认为在于个人,而进步主义则认为在于社会。像电影《饥饿游戏》系列中,把人们放到一个有限的空间,让他们互相残杀,承诺给最后活下来的人巨额奖金,那人们互相敌视、自相残杀的原因在于个人还是游戏规则?或许,保守主义者会将责任推到个人身上,认为这些参与游戏的人是天生比较邪恶或者心理健康有问题才会自相残杀。但是,进步主义者会说,要改变游戏规则,不是把奖金留给最后一个活下来的人,而是让所有人活下来,公平分配奖金。进步主义主张,如果社会制度有问题,最关键的是要变革社会制度;相反,掌权者和保守主义者得益于现在的社会制度而衣食无忧，他们坚决反对变革社会制度。

阶级社会或不平等社会的统治者和剥削者总是担心，人们再也不能忍受他们的压迫和剥削而起身反抗。过去的统治者和剥削者主要通过两种手段避免人们反抗。一种是利用国家权力行使暴力手段。暴力虽然能够有效削弱人们的抵抗意志，束缚人们的手脚，但是一直采取暴力手段，更容易引发人们的反抗。韩国军部独裁的野蛮统治，最终导致了1980年的光州民众抗争和1987年6月的民众抗争。仅仅通过暴力手段镇压民众会给自己带来危险，因此，统治者和剥削者采用了另一种手段——从源头上麻痹民众的抵抗意志。这就是宗教。

生活在病态的社会中，人们十分痛苦。当人们难以继续承受痛苦，开始意识到痛苦的根源是社会时，必然会反抗。因此，统治者和剥削者需要一种手段，以暂时缓解人们的痛苦或者让人们难以感受到痛苦，同时让人们无法找到痛苦的根源。

鸦片能够暂时缓解痛苦，但是会使人精神恍惚，最终导致人们脱离社会。宗教安慰那些备受痛苦折磨的人们，向他们提供祈祷或者冥想等修身养性的方法，以此来暂时缓解人们的痛苦，使人们安心。另外，宗教还欺骗人们，诸如"上帝让你经历痛苦，这蕴含着深奥的哲理。因此，如果你现在能够忍受痛苦，来世便会获得幸福"等，使人们无法认识到痛苦的原因。

| 第二篇 |

伪幸福处方

伴随着知识和科学技术的急速发展,宗教逐渐丧失了威信,换言之,宗教难以继续使人信服。随着宗教的作用逐渐消失,统治者和剥削者急需一种新的鸦片。

现代心理学,一种新型鸦片

现代心理学虽然能够暂时缓解人们的痛苦,但同时也让人无法意识到痛苦的真正原因。现代心理学忠实地发挥着鸦片的作用,即残害人们的身心健康。即便如此,不同于充斥着腐朽气味的宗教,心理学披着当代科学的外衣,蒙蔽了人们的双眼。从这一点来看,心理学真可谓狡猾,与科技时代完美融合。

心理学脱离哲学范畴,作为独立的分支学科诞生之初,并没有麻痹人们的作用,其创始人是德国的威廉·冯特(Wilhelm Wundt)。冯特被公认为心理学之父,他研究心理学并不是为了资产阶级。他的心理学,即最初的心理学既不属于资本家也不属于普通大众,单纯只是一门中立的学科。但是,跟随冯特学习心理学的美国心理学家们,却利用心理学为资产阶级利益服务。

一些美国留学生曾经跟随冯特学习心理学,但是他们缺乏哲学素养。与欧洲不同,美国是一个缺乏哲学传统的国家。冯特精通哲学,他所说的话,这些美国留学生几乎无法理解(或许他们也为自己的知识水平感到自卑)。他们跟随冯特学习心理学,但回国后便把冯特的心理学理论抛诸脑后,仅仅按照冯特的实验研究方法论创立了美国心理学。在这个过程中,美国的心理学家使心理学与资本狼狈为奸，沦为资本主义的御用学科和一门浅薄的实用学科。心理学家戴维斯在《幸福产业》一书中，曾经写道：

> "当代美国人近似疯狂地掠夺新的方法和构想，并将其从德国传播到美国……说得粗俗一点儿，他们想为统治者提供需要的工具。"
>
> "美国心理学中没有丝毫哲学思想。……20世纪初期，心理学作为能够实现美国梦的'主流学科'作威作福，掀起了一股热潮。……美国心理学没有打好根基，就被用来解决企业问题。1879年，冯特在自己的实验室周围画了一条象征性的线，他把这一年作为现代心理学的起点；自那时起，不过20年后，就出现了消费心理学这一新的下属学科。"

从诞生之日起，美国心理学便是一门亲资本主义的学科。美国心理学家们不遗余力地推动心理学的发展，为垄断资产阶级获取利润、垄断资本家推行帝国主义侵略政策提供理论帮助。

美国心理学不仅仅流行于美国，而且引领着全世界的心理学。现在，并没有所谓单独的欧洲心理学或者亚洲心理学。因为，美国心理学占领着欧洲，甚至世界为时已久。简而言之，现在世界上基本只有美国心理学，美国心理学就是心理学的代名词。

| 第二篇 |
伪幸福处方

人们若想摆脱痛苦，首先需要意识到，痛苦的部分根源在于不友好的社会环境。心理学却谎称，痛苦完全来源于个人。例如，伤心是因为人们消极地看待身边发生的事情或者小时候没有得到父母的关爱。人们若想摆脱痛苦的生活，必须变革反人民的资本主义制度。但是，心理学绝对不会批判资本主义，也不会要求变革资本主义制度。心理学在顺应资本主义制度的同时，只会提出繁多的方法来暂时缓解人们的痛苦。心理学将人们的注意力完全转移到个人身上，让人们看不到社会存在的问题，从而导致社会变革无法实现。当然，我并不是说心理学全部是错误的。心理学中也存在一些真理，在某种程度上能够帮助人们。

现在的心理学丝毫没有隐藏自己的野心，想搭上发展前景良好的治愈产业或幸福产业的顺风车，进而分一杯羹。因此，一些研究人员批判道："相对而言，发达国家的特权阶层或精英集团更加富裕，生活更加舒适。很明显，心理学的幸福研究提出的观点更迎合这一类人的口味。例如，'钱不重要。稍微休息休息，关注一下自己的内心，转换一下想法吧'。"社会批评家艾伦瑞克指出，幸福商人们通过向人们兜售"生活指导服务"赚钱，而积极心理学则为幸福商人提供了太多的帮助和便利。此外，她担忧道："现在的资本主义社会中存在着巨大的产业链（心理学家戴维斯所说的幸福产业），出售'积极的思考'和增加幸福的秘诀，积极心理学将在不知不觉中促进这种令人担忧的行为。"[91]

我认为，现代心理学并不是在无意间推动幸福产业发展，而是有意与幸福产业融为一体。当然，大多数心理学家只是怀着纯粹的学术热情研究幸福。但是，即便如此，这些心理学家也为主流心理学所俘虏，在无意间推动了幸福产业发展，阻碍了社会变革。

心理学能带给人们幸福吗？

心理学能够稍微提高一部分人的幸福度。换言之，一些人按照心理学提供的处方，可能会稍微变得更幸福。但是，心理学无法让大多数人以及整个社会获得幸福。这主要是因为，多数人的幸福、集体和社会的幸福取决于社会。"无论积极心理学家如何努力，也无法阻止人们的权利被剥夺。因为这是'社会—政治—经济'层面上的制度和战略导致的必然结果，而不是人的想法或行为出现了错误。"[92]正如戴维斯所言，病态的社会以可怕的速度批量生产着不幸。但是，心理学只能将其中极少数的不幸转变为幸福（准确来说，是相对没有那么不幸）。这就好比是，整栋大楼都要塌了，却只担心金子做的厕所墙壁。简而言之，就是杯水车薪。

| 第二篇 |
伪幸福处方

美国是心理治疗和心理咨询理论最发达的国家，被公认为心理治疗和心理咨询理论的发祥地。早在很久以前，美国就积极推广心理治疗和心理咨询。几乎没有哪个国家能够像美国这样，在漫长的岁月里，积极热情地推广心理治疗和心理咨询。所以，现在美国人的心理健康吗？答案是：美国人的心理健康状况比过去更加糟糕，现在也在急剧恶化。平均每 1.5 天就会发生一起枪杀事件的国家不正是美国吗？

美国也是幸福心理学最发达的国家。美国是积极心理学的发祥地，而积极心理学可以说是幸福研究的先驱。很久之前，积极心理学的幸福处方就已经在美国得到普及。几乎没有哪个国家像美国一样，在漫长的岁月里高声呼唤幸福，为了获得幸福而不懈努力。所以，今天的美国人幸福吗？相比过去，美国人现在是不幸的，今后也将更加不幸。由于 2020 年的总统选举，美国完全分成了民主党和共和党两派。从心理学角度来看，这已经回到了南北战争之前的时期。现在，美国人民之间的分裂、矛盾、相互敌视的情况，已经糟糕到无法挽回的地步。如果没有特别的举措，这种趋势将会更加严重。

如果美国的主流心理学是正确的，那么作为心理治疗和幸福心理学的发祥地，美国应该是世界上国民心理最健康、幸福程度最高的国家。然而，相对来说，北欧国家的心理治疗领域或康复产业并不发达（因为心理健康问题不如美国严重）、幸福研究也落后于美国，北欧人的心理健康水平和幸福程度却比美国人高。这样的事实意味着，如果大多数人想要获得幸福，并不能完全依靠心理学虚假的幸福处方，而要变革社会。

希望心理学能够焕然一新

吴延浩在《我们也能够幸福吗？》一书中呼吁道："丹麦向我们展示了幸福的社会造就幸福的个人。想要获得幸福吗？那就一起来建设幸福的社会吧。"[93] 事实上，只有社会幸福个人才能幸福，这是一句极其合理的话，不需要再三强调。但是，现在的幸福学（包含心理学的幸福研究），将幸福彻底歪曲为个人的问题。

埃里克·韦纳（Eric Weiner）在《世界上最幸福的地方》一书中感叹道："我不幸福，是因为我没有深入审视自己的内心。这是他们的忠告。自我开发产业的这种教导烙印在我们的脑海深处，以至于现在我们觉得这是理所当然的。"哲学家卓石山批判道："与其说幸福是个人问题，不如说幸福是社会问题。但即便如此，仍然有一群人主张，幸福是个人层面的问题，他们就是'许许多多的幸福商人们'。他们到处宣扬，好的心情能让人幸福。"[94] 现在流行的幸福论和幸福商人的处方，用一句话来概括便是，"不要关注社会，要追求个人的快乐"。

主流心理学将社会从幸福研究中剥离，与幸福商人维持着合作关系，为他们提供理论武器。蒂姆·卡塞尔（Tim Kasser）及其同事认为，"资本主义意识形态宣扬物质主义和外在价值，

| 第二篇 |
伪幸福处方

进而阻碍人们获得幸福。而对幸福的其他非物质主义价值的关注，也在人们追求个人利益、不断竞争的过程中，受到压制甚至遭到排挤。"[95] 同时他们指出，"资本主义作为主导当今世界众多领域的经济体系，能够对人类心理产生一定的影响，心理学家却忽视了对这一影响的研究。"[96] 简而言之，资本主义制度正在摧毁人类的幸福，但是心理学并不关注这一重要问题。

值得庆幸的是，最近一些心理学家开始关注社会与幸福之间的关系。归纳一下其中的部分研究结果，大致如下。首先，资本主义，特别是美国式资本主义会导致人与人之间关系的恶化，减少人们关注社会的行为，降低人与人之间的共识，降低对他人的宽容程度，降低对自身价值的评价，等等。简要概括一下，资本主义与不幸有很大的关系。

其次，一项研究显示，（相对来说）社会主义社会人民的生活满意度较高，而保守主义社会人民的生活满意度较低。之后的研究也得到了同样的结果。[97] 简而言之，包含社会主义要素的修正资本主义社会或者福利资本主义社会，比美国式资本主义社会更幸福。

此外，另一项研究发现，工会能够提高工会会员和非会员的生活满意度。[98] 这项研究显示，工会的密度和生活满意度之间成正比例关系，这种现象在穷人之间最明显，而这些穷人指的是除了富人之外的大多数人。这告诉我们，生活在资本主义社会中，人们即使仅仅通过成立工会，也会相对来说变得更加幸福。给大家提供一个参考数据，现在韩国的工会组织率仅仅是 10%，北欧国家却超过了 70%。另外，其他研究还表明，失业津贴和医疗福利等强有力的社会福利政策，以及对困难家庭的直接帮扶，也能够提高幸福水平。[99]

如果，大部分心理学家早早开始专心进行这些研究，并充满热情地将研究结果告知世人，情况又会怎么样呢？人们就不会为虚假的幸福处方所骗，而是成立工会，要求政府构建社会安全网，积极推进社会改革，这样就有可能向着真正的幸福前进。虽然少数心理学家已经摆脱个人的束缚，在审视社会的同时开始反思社会，但大部分心理学家仍然只关注个人，只强调个人的幸福。如果心理学想要成为真正的科学以及社会需要的科学，其研究对象就必须包含"社会"，从根本上创新心理学理论。

第三篇

创造真正幸福的社会

第 5 章
真正幸福的条件

左右幸福的几个条件

幸福不会突然从天而降,也不仅仅取决于主观心理。只有具备获得幸福的客观条件,才有可能获得幸福。那么,幸福的条件都有哪些呢?

生存权

所谓生存权,简单来说就是作为社会的人生活下去的权利。人类和动物不同,并不是只要解决温饱问题,就能够得到满足。人不仅需要解决温饱问题,满足肉体的生存需求,还需要维持多种多样的社会关系,满足精神、文化的需求。因此,对人类而言,所谓的生存权并不单纯只是肉体生存的权利,而是指作为社会的人生活下去的权利。

生存的权利能否得到保障取决于社会现状。在资本主义社会中，个人对自己的生存负责，每个人只有自己赚钱才能够生存。但是，在不平等的资本主义社会中，并非所有人都能赚到维持自身生存的钱。因此，大部分人都遭受着生存焦虑的折磨。

正如前面我们提到的，在韩国，月收入达到430万韩元之前，随着收入的增加，人们的幸福指数也会上升。这是因为收入增加能够减少生存焦虑。但是，所有韩国人都月收入430万韩元是不可能的，因此大部分韩国人并不幸福。像韩国这种社会，个人为自己的生存负责，只有有钱人才能够摆脱生存焦虑的折磨。

实际上，许多研究表明，在资本主义社会中，不需要一直考虑温饱问题的人相对而言更幸福。这意味着，在个人为自己的生存负责的社会中，只有极少数有钱人才能摆脱生存焦虑带来的痛苦，其余的人不仅不幸福，甚至难以摆脱这种痛苦。在个人为自己的生存负责的社会中，让绝大多数人保持乐观的态度、转换心情或者调节主观心理等方法没有多大用处。

生存焦虑首先表现在，没有足够的钱维持生存从而引发持久性忧虑或担心。在韩国，个人需要承担很多费用，比如各种公共设施使用费、贷款、教育支出、大学学费、医药费、房租，以及养老金等。生存焦虑使人痛苦。虽然没有痛苦并不代表幸福，但是经历着持续性的痛苦根本不可能获得幸福。因此，在

| 第三篇 |
创造真正幸福的社会

韩国这种个人为自己的生存负责的社会中,大部分人的幸福水平只能很低。

即使是资本主义社会,如果吸收社会主义哲学(或者社会主义要素),国家对个人的生存负责,那人们感受到的生存焦虑就会大大减少。北欧式资本主义社会中,国家基本上都对个人的生存负责。免费医疗、义务教育、公共廉租房制度、失业时收到的生活补助费和国家再就业帮扶等,这些措施使北欧人不会因为生存问题而感受到持久性的忧虑或担心。如果一个游客问丹麦人"如果你最近有什么烦心事,会是什么呢",丹麦人一般会有下面描述中的反应:

> "令人惊讶的是,所有人的反应都一样。那是一种没有特别烦心的事,所以不知道如何回答的表情。[1]……在丹麦遇到的人,他们的共同点是不知道自己有什么烦心事。"[2]

国家为个人的生存负责,不仅能够减少人们的生存焦虑,也可以使人们和睦相处。在资本主义社会中,国家若想为所有人的生存负责,需要提高高收入阶层的纳税额,然后将征收的税金分给普通百姓。这种财富再分配的方法能够减少社会不平等问题,使人们和睦相处。

不平等的人际关系是引发矛盾与不和谐的根本原因。如果父母有差别地对待子女，子女之间不可能和睦相处；如果国家有差别地对待国民，社会也无法避免矛盾与不和谐。社会越不平等，人们越无法互相信任，甚至相互敌视，导致犯罪等社会问题愈加猖獗，人们更容易罹患精神疾病或自杀。生活在这样的社会中，人们首先没有安全感（不只是人身安全，也包括精神层面的安全。人们害怕遭人无视，在精神层面上没有安全感），只能遭受各种忧虑、担心的折磨：出门会担心自己没有锁门，害怕别人欺骗自己，走在行人稀少的夜路上会害怕有人攻击自己……生活在没有安全感的社会中，人们幸福水平自然很低。

相反，生活在相对比较平等的社会中，人们能够获得安全感。对此，丹麦幸福研究所的所长维金说道：

> "丹麦人觉得自己生活的地方非常安全，晚上出去散步也完全不用担心。但是，比这更重要的是，丹麦的福利制度可以消除疾病、老龄化、失业等带来的忧虑。所以在丹麦生活，人们能够感到安全，这是不争的事实。"[3]

如果能够摆脱生存焦虑，生活质量就会提高，这非常有助于人们获得幸福。因为生存而倍感忧虑或担心的人们，不得已只能为了赚钱而活。赚不到钱便无法生存，人们还能体验到其他的业余生活吗？为了赚钱而活、为了摆脱生存焦虑而疲于奔命，这样的生活并不是理想的生活。只有摆脱生存焦虑，人才能真正活出人的样子。

像韩国这种个人为自己的生存负责的社会，更有必要强调这一点。因为，虽然没有痛苦或摆脱痛苦并不代表幸福，但是生活在持续性的痛苦中，人们绝对不可能获得幸福。

舒心的工作

心理学家弗洛伊德认为人们从"爱和工作"中获得幸福。舒心的工作是幸福的重要条件。以一天为单位来看，人们醒着的时候几乎有一半时间在工作。所以，工作理所当然地对幸福产生巨大的影响。如果醒着的时候有一半时间是不幸福的，那我们很难说这是幸福的人生。

工作对自我认同感有很大的影响。如果被问到"你是谁"，人们大体上都会回答"我是学生""我是医生"等。这告诉我们，人们主要通过职业来对自身身份进行界定。因此，失业后没有工作的状态，会导致自我认同感缺失；在劳动中感受不到快乐和满足的状态，会导致自我认同感混乱。

工作对自身价值评价也会产生很大的影响。失业者倾向于把自己看作没有价值的人，这告诉我们，工作或职业被看作评价个人价值的标准之一。原则上来说，评价一个人的价值，应该看其从事的工作对社会产生多大的贡献。对社会有贡献的工作能够提升个人价值，对社会几乎没有贡献的工作会降低个人价值。但是在资本主义社会，特别是收入两极分化的资本主义社会，根据工作评价个人价值时，其标准不再是对社会的贡献度，而是收入高低。从事高薪工作的人，对自身的价值评价较高；从事低薪工作的人，对自身的价值评价较低。如此看来，无论是哪种情况，工作或职业都会对个人的价值评价产生极大的影响。

此外，工作对人的社会关系或生活意义也具有一定的影响。人们在工作的过程中会形成多种多样的社会关系，也会在自身的工作中寻找生活的意义。一些研究结果显示，关于生活的满意度中，大约有20%与对工作或职业的满意度直接相关。[4]

如此，工作或者职业通过左右自我认同感、对自身价值的评价、社会关系、生活的意义等，对幸福产生影响。盖洛普民意调查结果显示，在前面提及的幸福的五个方面中，工作中获得的满意度是最重要的一个方面。从职业角度来看，与不幸福的人相比，幸福的人在一生中能够享受到满足感的概率高出两倍以上。[5]

工作或者职业是幸福的重要条件，但这并非意味着工作的人都是幸福的。在当今资本主义社会中，能够通过工作获得幸福的人只占少数，大部分人都是不幸福的。那么，在什么情况下工作或者什么职业能够带给人们幸福呢？

首先，把自己的工作当作自身使命的人更加幸福。一般来说，当人们觉得自己的劳动能够让世界变得更好或者自己的劳动对世界有贡献时，人们就会把自己的劳动当作自身的使命。

例如，医生利用自己的医术治病救人，认为自己的工作会让世界更加美好，那医生就把自己的工作当成了自身的使命。把自己的工作或职业当作自身的使命，人们就能在工作中感受到快乐和价值，从而提高生活满意度。[6] 如果把工作或职业当作自身的使命，那人们会热爱并重视自己的工作，进而对金钱持超然的态度。他们甚至觉得，即使工作没有报酬也不要紧。

一个人如果把自己的工作当作自身的使命，热爱自己的工作，那他会全身心投入自己的工作，这就能够提高幸福水平。所谓全身心投入，是指对自己现在从事的工作高度投入的状态，对完成工作所采取的行动有全面的认识，能自如地掌控自己的工作等。[7] 简单来说，全身心投入即由于自己的工作非常有趣、有意义，因此在工作中注意力高度集中以至达到忘我的境界。心理学家米哈里·契克森米哈赖（Mihaly Csikszentmihalyi）主张，要想体验到全身心投入的感觉，最重要的是真正喜欢自己的工作。这意味着，全身心投入的前提是，把自己的工作当作自身的使命，热爱自己的工作。

如此，把工作或职业当作自身使命的人，更容易全身心投入，全身心投入的频率也会提高。而且，这对提高幸福水平能够产生积极的影响。甚至一些心理学家认为，全身心投入本身就是幸福。全身心投入确实能够对幸福产生积极的影响，但并不是说，全身心投入就是幸福。对把自己的工作当作自身的使命、热爱工作的人而言，全身心投入只是工作带来的赠品而已。

其次，在工作中能够维持健康人际关系的人更幸福。在当今产业社会中，组织化和专业化高度发达，人们在密切的社会关系中工作的同时，也通过自身的工作发展社会关系。简单来说，人们在职场中和单位同事等形形色色的人产生社会关系的同时，从事着自己的工作，而在工作的过程中，会扩大和发展已有的人际关系网络。理所当然的，如果和单位同事相处融洽，人们会更幸福，否则就会更不幸。因此，工作中或者职场中形成的人际关系非常重要。即使人们不把工作或职业当作自身的使命，仅仅在工作过程中维持良好的人际关系也能够提高幸福水平。盖洛普的一项调查报告中，对职场中人际关系的重要性做了如下描述：

> "如果一个人在公司里有关系特别好的朋友，那他对工作的投入度会提高 7 倍以上，对待顾客更加热情，工作的完成度更高，享受着更高水平的幸福，工作中受伤的概率也会降低。如果公司里没有关系特别好的朋友，那情况则截然相反，每 12 个人中只有一个人能够全身心投入自己的工作。"[8]

研究显示，工作或职业能够对幸福产生极大的影响。根据这一研究结果，以心理学为代表的诸多幸福研究，劝告人们"把自己的工作当作自身的使命全身心投入，要和公司领导还有同事好好相处。这样,大家就会幸福"。把工作或职业当作使命或者与同事维持良好的人际关系,如果这些事情仅仅取决于自己的内心,那上面的劝告可能对人们有所帮助。但是,能否将工作当作使命真的只取决于人的内心吗?

如果要把工作当作自身的使命,首先要有选择工作的自由。比如,有一个少年很有艺术天赋,想成为艺术家,为了考上艺术院校,他必须接受一定的培训。但是,他家很穷,无法负担他接受培训的费用。因此,这个少年最终考入一所普通大学,毕业后成了一个营业员。如果不能根据自己的才能或喜好等自由选择职业,那么将自己的工作或职业当作自身的使命是极其困难的事情。

人人都希望通过劳动对世界做出贡献。因为只有这样,人们才能把自身的工作当作自身的使命,从事充满意义的工作。但是,生活在资本主义社会中,人们被迫为了赚钱而工作,因此人们劳动的目的并不是贡献社会。当然,即使在资本主义社会中,大部分劳动仍然会为社会做出贡献。

例如,建筑工人建造房屋,这种劳动能够对社会产生贡献。但是,在个别工人眼中,建造房屋并不是为了回报社会,只是一种维持生计的工作,是掌握着生产资料的资本家们给予的一种填饱肚子的劳动。因此,在资本主义社会中,大部人很难把自己的劳动或工作当作自身的使命。在韩国,开出租车很明显是对社会有贡献的劳动。但是,如果问出租车司机为什么开出租车，大部分人的回答是"为了谋生"。

前面已经反复强调过，若想把自己的工作当作使命，首先要有选择工作的自由。说得更具体一点，至少选择工作的目的不是赚钱，而是在选择自己希望从事的工作时有充分的自由。

人们若想在选择工作时不受金钱的影响，至少要获得一定的工资保障，不管从事哪种工作也不会感受到生存焦虑。北欧人不管从事哪种工作，都能够获得足以维持生存的报酬，所以他们不会为了赚钱而工作。丹麦的一位公务员曾说："在幸福指数调查中，丹麦的排名位居世界首位，原因之一便是，不管人们从事哪种工作，都能够获得一定的基本收入，保障自己的生存。丹麦人不会为了糊口而勉强做自己讨厌的工作。"[9]

此外，还要缩小职业间的收入差异，改良社会风气，使人们不会因从事的工作而受到歧视或无视。北欧人选择工作时不以赚钱为目的，另一个原因便是，不管选择哪种工作，都不需要担心得不到他人的尊重。丹麦的一位医生说："在丹麦，医生和其他职业之间的工资几乎没有差异。"他还说道：

> "在丹麦，没有人为了发财去做医生。医科大学的学生也从一开始就知道这一点。即使能赚到一点儿钱，但所交的税相当的高，大约是工资的50%。选择工作的关键是兴趣。我的性格适合做这项工作，我喜欢这项工作，帮助患者使我感到快乐，所以我才从事这份工作。"[10]

第三篇
创造真正幸福的社会

事实上,在当今资本主义社会中,由于长期的经济危机和高失业率,"自由选择工作"早已成为一件奢侈的事情。在这种条件下,人们怎么能够在生活中自由选择工作,把工作当作自身的使命呢?我认为,国家为全体国民的生存负责,生存手段和工作完全分离,这样的社会才是最令人向往的社会。如果国家保障国民有一定程度的基本收入,使全体国民不必担心社会生存问题,那么即使没有人要求或强迫,人们也会自然而然地选择适合自己并且能够发挥自身才能的工作,为社会做出贡献,而不是为了赚钱而工作。

工作过程中形成的人际关系也并非完全取决于个人的主观意志或努力。阶级分化的社会必然会导致人际关系极度恶化,人们相互敌视的现象日益普遍。在这样的社会中,相亲相爱的同事情谊或和睦的氛围已经不再是大部分职场的主流氛围,取而代之的是个人之间激烈的竞争。只要下定决心就能够在职场维持良好的人际关系,这真的现实吗?或许,与其听信那些荒诞无稽的建议,诸如修炼待人接物的技术、在公司里结交"知己"等,不如通过工会改善职场氛围,增进与同事之间的关系,这样做或许更有助于提高幸福水平。当然,如果想在韩国组建工会,仍然要有被辞退或被迫害的觉悟。但是,这比结交知己更能带给人们幸福。

许多研究证实,生活在资本主义社会中的人们,无法把自己的工作或职业当作自身的使命,也不热爱自己的工作。例如，在盖洛普针对全世界范围内 10 598 人进行的问卷调查中，对于"你喜欢现在从事的工作吗"这一问题，只有19%的受访对象非常肯定地回答"喜欢"。[11]只要社会不改变，以心理学为首的幸福研究即使拼尽全力向人们宣扬"要热爱自己的工作，在工作中享受快乐"，也很难让另外81%的人喜欢自己从事的工作。

健康的身心

健康是幸福的重要条件之一。健康不仅包括身体健康，也包括心理健康。

身体健康是幸福的前提。被无休止的病痛折磨的人或患重病的人，很难获得幸福。身体健康之所以对幸福很重要，首先是因为，身体不舒服会令人感到痛苦，使人无法追求幸福。向别人问好时，人们经常说"祝您身体健康"，这正是因为人们知道健康对幸福非常重要。当然，健康本身并不能成为生活的目标，仅仅身体健康也并不是幸福。但是，如果身体不健康，那人们很难得到希望的生活，更不用说幸福的生活。因此，人们特别重视健康。

心理健康，即精神健康也是幸福的前提。虽然仅仅心理健康并不是幸福，但是如果心理不健康，人们不可能幸福。"我长期受精神疾病折磨，但是我真的很幸福。"这有可能吗？至少心理健康处于正常水平，人们才可能获得幸福。心理不健康，就像身体不舒服一样,会让人们长期遭受痛苦的折磨。而且,如果内心不舒服,在抵御痛苦的时候,会浪费心理能量。如果情况严重,人们活着就不是为了获得幸福,而是为了减少痛苦,最终会让生活变得一团糟。

健康与幸福密切相关,如果不健康,就很难幸福。在韩国农村进行的一项为期 12 年的研究显示,与对生活满意的男性相比,对生活不满意男性的死亡率高出 42%;与对生活满意的女性相比,对生活不满意女性的死亡率高出约 51%。[12] 如此,幸福水平与健康,甚至是寿命密切相关。

那么,身体健康和心理健康,哪一种健康与幸福关系更密切呢?当然是心理健康。有研究结果表明,与身体健康相比,心理健康对幸福的影响更大。[13]

健康是与个人幸福相关的个人问题。但是,实际上健康与社会的关系更加密切。即使我们暂且不讨论环境问题,许多研究表明,社会不平等现象越严重,社会阶层越低的人们的健康状态越差,寿命越短。生活在当今资本主义社会中,由于压力、过劳、缺乏锻炼、睡眠时间不足或者睡眠质量低下、长期吃快餐等,人们的健康状况日益恶化。现代人的平均睡眠时间是 6.7 个小时(维持健康所需的正常睡眠时间是 7—8 个小时),而且,现代人每年平均睡眠时间都在减少。[14] 社会不平等和阶级分化以及人际关系极度恶化,导致精神疾病、反社会行为、犯罪等现象持续增加,进而导致人们的心理健康受损。

正如目前为止我们所了解到的，社会环境对人们的身心健康会产生极大的影响。如果社会不健康，社会成员的身心健康状况必然会恶化，结果便是幸福水平下降。

共同体能够带给我们的东西

许多国家在不同时期进行了无数关于幸福的研究，这些研究得出的结论是一致的，那便是：幸福最重要的条件是人际关系和共同体。

心理学家埃米·沃纳（Emmy Werner）对夏威夷考艾岛出生的 505 名新生儿进行了约 40 年的追踪调查。她表示，克服困境的力量——"韧性"（resilience）对幸福有极大的影响，能否与人维持相互信赖、相亲相爱的关系左右着这种经受困境后的恢复力的强度。[15] 换言之，良好的人际关系通过韧性对幸福产生巨大的影响。

在 20 世纪 30 年代，哈佛大学以 268 名新生为对象进行了为期 72 年以上的追踪调查，这就是世界上时间最长的纵向研究——"哈佛成人发展研究"。该项研究结果显示，区分幸福与不幸的关键是，对待痛苦的态度和人际关系。[16] 这项研究的负责人乔治·范伦特（George Vaillant）曾在一次采访中被问道：

"您从哈佛成人发展研究的调查对象身上了解到了什么?"范伦特回答道:"我了解到一个事实,人生中最重要的是与其他人之间的关系。"[17] 幸福学家埃德·迪纳(Ed Diener)曾说过,幸福排名中占据前 10% 的人与其他人之间最大的差异不是金钱、健康或者财产,而是"关系"。[18]

如此,包含心理学在内的许多幸福研究向我们证明,维克多·雨果(Victor Hugo)的话是正确的:"最大的幸福是确信我们爱着别人,也被别人深爱着。"[19]

人是社会性的存在,如果没有良好的人际关系,不管其他条件多么好,人也不可能幸福。不管家庭条件多么富裕,如果父母吵架如家常便饭,孩子不可能幸福;不管工资多高,如果在公司里遭受压迫或者被孤立,员工也不可能幸福;不管社会多么富裕,如果两极分化极其严重,人们也不可能幸福。虽然不能说人际关系和共同体就是幸福,但是它们的重要性无论怎样强调也不为过。实际上,人际关系和共同体会对幸福产生巨大的影响。

身边有家人和朋友就够了吗?

共同体是幸福最重要的条件,对于这一点,许多研究者的意见是一致的。但是,大部分研究者并不关注和谐的社会或国家这种大型共同体,他们主要强调个人之间的亲密关系或者家庭等小共同体。只有国泰民安、社会和谐,家庭等小型共同体才能和睦，人与人之间才能和谐相处。但是，为什么大多数幸福研究者不关注社会或国家等大型共同体，而是强调个人之间的亲密关系或者家庭等小型共同体呢？

虽然每个国家的情况有所差异，但可以说，资本主义社会的本质中有不和谐的因素。在资本主义社会中，不仅资产阶级与工人阶级相互对立，各种社会集团之间的不和谐状态也相当严重，甚至人与人之间不和谐的关系也不容小觑。在资本主义社会中，国家或社会等大型共同体绝对不可能维持和谐状态，只能期待一些小型共同体或个人之间的人际关系达到和谐。

在国家等大型共同体日益崩溃的社会中，亲近的个人关系或家庭等小型共同体是人们体验亲密健康关系的唯一出路。因此，如果研究这种社会中个体之间的幸福差异，只能得出一种结论，即相对而言更幸福的人拥有更亲密的人际关系或从属于某一小集体。换言之，研究者们会得出一个奇怪的结论：在追求幸福的时候，国家或社会并不重要，小集体或"知己"更重要。

例如，1981年以后，以世界46个国家为对象进行的4次世界价值调查得出一个结论：家庭关系是影响幸福的最重要因素。[20]但是，这一结论表示"在追求幸福的时候，家庭最重要，而不是国家或社会"，这会带给人们一种错误的认识："如果想要幸福，就不需要考虑国家或社会情况，而要努力交朋友，和家人好好相处。"这种思想会让人们离幸福越来越远。实际上，良好的人际关系和小型共同体可以左右幸福,这只不过是扩大了"幸福取决于个人"这一主张的范围。

总而言之,对幸福产生最大影响的当然是大型共同体。如果国家自身是一个和谐的大共同体,那绝大多数人不管生活在哪种小共同体中或维持着哪种人际关系,都能够获得幸福。相反,如果国家不和谐,绝大多数人也不可能幸福,只有运气比较好的少数人能够在自己的人际关系和小型共同体中找到幸福。良好的人际关系或小型共同体并不是幸福最重要的条件,那只是在国家体系崩溃的资本主义社会中,一个人比其他人更幸福的最重要条件。

不管生活在哪种社会,拥有良好人际关系的人当然比其他人更幸福。人际关系基本上决定着人是否幸福。决定人是否幸福的因素,并不是路边的石头或天上的白云,而是家人、朋友、邻居。亲密健康的人际关系能够使人幸福,而工于算计或病态的人际关系会带给人不幸。

美国综合社会调查公布了影响幸福的五大因素,影响力由大到小分别是家庭关系、财务状况、工作、集体和朋友、健康状况。在这五大因素中,有三种与人际关系直接相关,财务状况和健康状况则与人际关系间接相关。[21] 这些研究充分表明,人际关系和共同体对人们是否幸福能够产生极大的影响。

在大型共同体日益崩溃的社会中,个人之间的人际关系或小型共同体极其重要,因为除此之外,人们几乎没有办法体验到健康的关系。处于受冷漠的人际关系支配的社会中，人们只有加入一些小集体，诸如好朋友之间的聚会、联谊会、教会等，体验到良好的人际关系，才能够获得幸福。但问题是，支撑着健康人际关系的最后支柱——小集体，也正在迅速减少并出现问题。

社会出现问题，必然会导致社会中存在的小集体和个人的精神出现问题，结果会导致互相关爱、尊重、合作、爱护的小集体越来越稀少。人际关系正常的公司、学校、村庄、教会等的减少，意味着人们生活中维持正常人际关系的概率降低。如今，隶属于一个健康的共同体，维持着良好的人际关系，简直犹如海底捞针般困难。大多数韩国人不属于任何一个（健康的）共同体，几乎无法维持健康的人际关系，只能孤独地生活，也是因为这个原因。

幸福专家研究的对象是，在大型共同体崩溃的社会中生活的人们。幸福专家强调家庭的作用。韩国社会中，包括国家共同体在内，几乎所有的共同体都已分崩离析，家庭真可谓是最后的共同体。因此，如果连家庭中健康的人际关系也得不到保证，人们将完全体验不到健康的人际关系。换言之，人们根本不可能幸福。

要想家庭和睦，首先夫妻之间要和睦相处。如果夫妻无法和睦相处或者父母有精神疾病，那么子女很有可能得不到精神方面的良好教育。不幸的童年不仅会破坏儿时的幸福，也会破

坏将来的幸福。对于不幸的童年产生的结果,哈佛研究项目的负责人范伦特曾经说道:

> "第一,拥有不幸童年的人们,患精神疾病的可能性非常高。第二,他们不擅长通过娱乐享受人生。第三,他们既不相信自己的感情,也不相信世界。第四,甚至有些人一生都没有朋友。……与拥有幸福童年的哈佛毕业生相比,拥有不幸童年的哈佛毕业生意外死亡(事故、自杀、肝硬化、肺炎、肺气肿等导致的死亡)的概率高出3倍。"[22]

综上所述,拥有不幸童年的人易患精神疾病,无法享受人生,不相信世界,很难感受到良好的人际关系,甚至比其他人早亡。如果考虑到导致童年不幸的主要原因是家庭不和(主要是夫妻之间不和),那我们马上就能够知道,在不和睦的家庭中长大的人,很难获得幸福。

家庭不和并不单纯是夫妻之间或家庭成员之间的问题,可以说家庭不和基本上也是社会问题。心理医生赵善美①曾经感叹:"爸爸是赚钱的机器,妈妈是监督孩子学习的机器,孩子是学习的机器。韩国家庭已经不再是情感的共同体,而是'功能性'共同体。"[23]但是,韩国家庭不再是充满爱的健康的共同体,

---

① 韩国子女教育专家,曾任韩国临床心理学会专家研修委员会总务理事,代表作有《培养有想法的孩子》等。——译者注

已经沦为功能性的共同体，这真的是家庭成员的过错吗？家庭共同体崩溃的最大原因来自社会，关于这一点我已经在其他书中做过多次解释，在这里我打算只提一点。

难以结交知己的社会

工作中产生的疲劳和消极情绪会转移到家庭中，这种现象被称为 WIF（工作干涉家庭），WIF 会降低幸福水平。[24] 家长在工作的过程中会积攒疲劳，产生压力，他们的幸福水平自然会降低。然而，家长的幸福水平降低并不仅仅影响家长自身，还会使家庭的幸福水平降低。家长因为劳累的社会生活而变得敏感，容易生气，会拿配偶或孩子当出气筒，宣泄自己的怒气，最终导致家庭氛围一团糟，这样的例子屡见不鲜。"员工按照公司的规定，隐藏自己的情绪，维持表面的和气。长期如此，员工的 WIF 的水平很高，幸福水平很低。"[25] 这样的事实告诉我们，越是从事情感劳动或是备受压迫的人们，WIF 的水平越高。

大多数人在社会生活中是否会积攒疲劳或消极情绪，更多取决于社会情况。单凭这一点，我们就可以推测出社会对家庭能产生极大的影响。美国心理学会在最近的共同研究中得出一致结论：家庭破裂是精神健康最大的威胁。但是，单纯强调家人或家庭的重要性并不能阻止家庭破裂。因为，没有健康的社会，不可能有健康的家庭。

| 第三篇 |
创造真正幸福的社会

如果像家庭这种最后的共同体也无法满足人们对人际关系的需求，那最终剩下的就只有关系亲密的朋友。我们把这种朋友称为"知己"，可以说，哪怕只有一个知己，也比没有知己的人更幸福。但是，在韩国，一个知己也没有的人在持续增加。特别是年轻人中，有相当多的人说他们一个知己也没有。韩国正逐步转变为越来越难以结交知己的社会。

所有人幸福，我才能幸福

由于国家共同体的瓦解，现在的韩国社会中，以家庭为主的小型共同体开始分崩离析，甚至结交朋友都变得十分困难。对生活在这种社会中的人说"如果想要幸福，就要交朋友，组建和睦的家庭或成为某一共同体中的一员"这样的话，究竟能起多大作用呢？当然，那些认为金钱就是幸福的人，一听到这种话，就会感悟到"原来想要幸福，不是要追逐金钱，而是要交朋友，融入共同体"。但是，真正去实践的瞬间，他们会发现，结交朋友非常困难，甚至找到一个健康的共同体也不容易，面对这样的现实，他们可能更加绝望。

尽自己所能组建一个和睦的家庭、交朋友、融入一个健康的共同体，很明显是有价值的，有助于人们获得幸福。但是，如果想要真正获得幸福，要尽可能将自己所在的社会营造成一个和谐的社会。

社会改革对于创建和谐社会非常重要，因为社会改革能够创造和谐的家庭等社会小集体，也有助于人们和睦相处。此外，还因为仅仅通过朋友或和谐的小集体并不能实现真正的幸福。假设有这样一个人，他只有一个朋友。朋友在身边时，他可能比别人更幸福，但是，如果朋友离开了，他马上会变得不幸。《罗密欧与朱丽叶》中的主人公罗密欧和朱丽叶就是两个与社会没有太多联系的年轻人。他们两个人的亲密关系（我们暂时不讨论这种关系是否健康）网中只有对方。因此，罗密欧和朱丽叶在得知对方死后，立刻想要殉情。

一个人只有一个朋友，意味着他的社会关系相当贫乏。换言之，社会中没有他的容身之地。有一个朋友的人，确实比没有朋友的人更幸福，但是相比于那些在社会中拥有丰富人脉的人，只有一个朋友的他们是不幸的。贝拉·M. 德保罗（Bella M. DePaulo）和温迪·L. 莫里斯（Wendy L. Morris）曾说："不管是未婚还是已婚，不要只与一个人维持重要的人际关系，与许多人维持重要的人际关系更有助于获得幸福。"其理由是，"没有谁能够一直在谁身边给予心理上的支持，个人也不是全能的，不可能提供所有的一切，比如创意、技术、建议等。"[26]

朋友多当然是好事，但是，构建和谐的国家共同体之所以重要，并不单纯是因为这样能够增加个人的利益。人只与一个人或者少数几个人维持联系时，并不能获得真正的幸福，只有与社会乃至全世界相连，才能获得真正的幸福。哲学家卓石山曾说："即使许多报告表明，与亲近的人维持良好的关系能够对人的幸福产生极大的影响，但只与亲近的人维持良好的关系是不够的。人们还必须与社会维持联系。"[27] 人在社会中站稳脚跟，作为社会的一员为社会做出贡献，这样才能获得真正的幸福。但是，无法与社会维持联系的人，无可奈何地只能通过朋友或者家庭寻找幸福，但这并不是真正的幸福，只是退而求其次的幸福，是幸福的一部分。

幸福造就幸福

2020年年初，席卷全球的新冠肺炎让人们重新感悟到一个真理——"所有人幸福，我才能幸福。"幸福是个人的、主观的东西，与他人或社会没有任何关系，深受这种主张影响的人们，可能会对"所有人幸福，我才能幸福"这种观点感到陌生或不舒服。但是，个人的幸福与社会的幸福是密不可分的。

所有人幸福，我才能幸福，最主要的原因是，人与人之间相互联系，他人是否幸福会直接影响自己的幸福。尼古拉斯·克里斯塔基斯（Nicholas Christakis）和詹姆斯·富勒（James Fowler）在《大连接：社会网络是如何形成的以及对人类现实行为的影响》一书中说道："很奇怪，包括医学、经济学、心理学、神经科学、进化生物学在内，来自不同领域的研究人员已经证实，影响个人幸福的因素有很多，他们却不曾提及一个核心因素，那就是他人的幸福。"[28] 他们表示，与收入增加相比，朋友或亲人的幸福水平更能影响个人的幸福，对此，他们强调道：

> "人们通过社交媒体相互联系，每个人的幸福都会影响其他人的幸福。……人类的幸福并非孤立地存在于远离社会的个人领域。"[29]

哈佛大学研究团队的研究结果显示，如果与自己有直接关系的人（朋友）幸福，那自己幸福的概率大约会提高 15%；如果与自己有一重间接关系的人（朋友的朋友）幸福，那自己幸福的概率大约会提高 10%；如果与自己有二重间接关系的人（朋友的朋友的朋友）幸福，那自己幸福的概率大约会提高 6%。[30] 而且，身边每增加一个幸福的朋友，自己获得幸福的概率大约会提高 9%；身边每增加一个不幸的朋友，自己获得幸福的概率大约会减少 7%。[31]

如果某个家庭成员幸福，整个家庭的幸福水平都会提高，如果朋友们幸福，我也会更幸福。人一辈子生活在人际关系中，对人际关系造成影响的同时，也受其影响。人绝对不可能漠视别人是否幸福以及社会是否幸福。我们难以想象，有的人在深

| 第三篇 |
创造真正幸福的社会

爱的人意外死亡后,自己还能非常幸福;或者听到年轻的临时工在工作时发生意外死亡的消息后,会感到非常快乐。

所有人幸福我才能幸福,另一个原因是幸福的人对待他人更加亲切。心情非常好的时候,即使有人不小心踩了自己的脚,只要那个人道歉,便可以宽容地一带而过;如果和好朋友一起吃饭,也会抢着买单。但是,心情非常糟糕的时候,如果有人不小心踩了自己的脚,即使那个人郑重地道歉,自己还是会摆着一副臭脸发火;如果和好朋友一起吃饭,也不想买单。

幸福的人不会过度为难别人,因为他们不具备为难别人的心境。不幸福的人无法亲切地对待他人,因为他们不具备亲切待人的心境。联合国的幸福报告书显示,宽容标志着共同体的包容,也是人们相互联系的核心方式。而且,宽容与幸福之间成正比。[32] 生活在幸福水平较高的社会中,人们更亲切、更宽容。还有一些研究结果显示,相比于不幸福的人,幸福的人更乐于关心他人、帮助他人、与人合作,更愿意捐款,更热心于参加社会志愿活动。[33]

幸福造就幸福,不幸带来不幸。一个人的幸福会向周围传递,幸福的人宽以待人,因此,幸福的人越多,社会越幸福。在所有人相互联系、共同生活的社会中,幸福是良性循环,不幸是恶性循环。

与韩国人相比,丹麦人要缴纳的个人所得税真的很多。但是，如果问他们"你们辛辛苦苦赚的钱，要交50%的税，你们不委屈吗"，大部分人的回答是：

> "到大学为止，我们一直接受义务教育，就医时也不需要交医药费，我们的后辈和子孙们不应该也享受这种待遇吗？多交税是很自然的事情。"[34]

如果国家守护国民的幸福，国民自然乐于为了他人的幸福多交税。这样，所有人都会获得幸福。相反，如果国家不关心国民的幸福，人们对他人的幸福也会漠不关心，只会追求自己的幸福，刁难别人。最终，所有人都会变得不幸。

没有爱和信赖，不可能拥有幸福

和睦的共同体能够让人们相亲相爱、彼此信赖，因此能够带给人们幸福。亲密的关系就是相亲相爱的关系。即使生活的其他方面没有任何问题，但如果人们无法解决人际关系中存在的问题，就绝对不可能获得幸福。即使人际关系多种多样，但如果人们不能相亲相爱，也绝对不可能获得幸福。相亲相爱的关系，才是幸福最重要的、不可或缺的条件。

信赖，特别是对别人的信赖，是相亲相爱的必要条件。不信赖别人，怎么可能关爱别人呢？如果不信赖别人，不仅无法关爱别人，甚至自己都很难获得安全感。因此，没有信赖就没有幸福。

美国曾针对 1 000 多个地区的老年人进行了一项研究,研究结果显示,仇视他人、对他人冷嘲热讽的人认为别人是自私的、贪婪的,与这些人相比,相信"人之初,性本善"的人更幸福。[35] 即使在整体信赖度较低的社会中,相信别人比不相信别人更能带给人们幸福。当然,如果生活在信赖度较高的社会中,人们会更加幸福。

对于大街上初次见面的人,丹麦人会一次又一次大大方方地将自己的手机或自行车借给他们。一个丹麦人曾对震惊于这种场面的外国人说道:"这个国家的人们彼此信赖。……因为信赖,所以能毫不见外地向别人借东西或把东西借给别人。……如果彼此不信赖,这种事情是不可能发生的。"[36] 孩子在婴儿车里睡着后,丹麦的父母会把婴儿车放在路边,然后去餐厅吃饭或去购物。信赖对北欧国家的高幸福指数有很大的贡献。

信赖问题并不能通过个人的努力来解决,也不能通过调节主观心理,比如保持乐观的态度等方法来解决。信赖问题基本上是社会问题。心理学家戴维斯曾说过,分崩离析的社会中,个人主义导致人们不可能相互信赖。他曾警告道:

> "我们社会的个人主义相当严重。……如果不能重新找到共享的方法,我们的社会便会支离破碎,人们不可能相互信赖。如果友情和利他主义精神产生的价值无法恢复,我们便会陷入虚无主义倦怠感的深渊。"[37]

韩国或美国等国家中，信赖度日益降低。相对而言，北欧国家拥有和谐的社会。北欧国家和社会不和谐的国家之间，信赖度存在显著的差异。这意味着，社会情况决定了社会的信赖度。世界价值观调查资料显示，过去30年间，韩国人对别人的信赖度大幅度降低。在"大部分的人是可信的"一栏中，选择"同意"选项的概率在第一次调查（1981—1984）中是36%，在最近的第六次调查（2010—2014）中却是26.5%，大约减少了10%。作为参考，中国第一次参与调查的时间是第二次调查（1990—1994），当时中国的情况是59.4%，但是在第六次调查中是60.3%，信赖度小幅度上升。[38]

不平等的社会，无一例外人们的信赖度很低，这是因为不平等必然导致社会分裂和不和谐。北欧式社会的信赖度很高，但是美国式社会的信赖度很低。4个北欧人中，会有3个人认为"大部分人可以信赖"。但是，在世界上的其他国家，这种回答的概率降到1/4。[39]

《读者文摘》（*Reader's Digest*）曾经在欧洲许多城市进行过一项社会实验：在大街上的许多地方扔下一个钱包，钱包里装有身份证和足够一天使用的现金。实验结果显示，只有两个国家的人，不动钱包里的钱，将钱包原封不动地还给失主，这两个国家是挪威和丹麦。其他欧洲国家中，丝毫不动钱包里的钱，将钱包还给失主的情况大约占一半。[40]我再强调一遍，希望不会有人认为，北欧国家的信赖度特别高是因为遗传基因。和睦的共同体能够让人们相亲相爱、彼此信赖，因此能够带给人们幸福。

没有尊重，不可能拥有幸福

相互尊重是健康人际关系的必要条件和出发点。相亲相爱无疑是人际关系中最高层次的关系或者说最好的关系。但是，刚认识或者是在社会生活中产生交集的人，不可能初次见面就能够相亲相爱。如果满足一个条件，人们就能在初次见面时与他人形成健康的人际关系。这个条件就是相互尊重。即使是初次见面，只要能够相互尊重，即不要无视或轻视对方，而是尊重对方，人们就能形成健康的人际关系。以相互尊重为基础，人们在交往的过程中会变得相亲相爱，最终会由相互尊重的关系发展为相亲相爱的关系。从这一点来看，相互尊重是健康人际关系的第一步，也可以说是形成相亲相爱关系的前提条件。

得不到尊重会令人感到极其痛苦，这是因为得不到尊重意味着被人排斥，甚至被社会排斥。奴隶主和奴隶之间能够建立健康的人际关系吗？如果奴隶对奴隶主说："我们像朋友一样友好相处吧！"估计奴隶主会大发雷霆，暴跳如雷。这是因为奴隶主根本不尊重奴隶，认为奴隶不可以与自己平起平坐。如果我得不到别人的尊重，那就犹如他把我当作奴隶对待。换言之，他认为我的地位不如他，无法与他平起平坐，说得严重一点,他甚至可能不把我当成一个人。得不到尊重,相当于丧失了与他人维持人际关系的资格,意味着被人排斥。"被社会排斥是很痛苦的,这与身体上的痛苦一样,令人难受至极。"[41] 正如这句话所言,被人排斥或被社会排斥会使人经历极大的痛苦。

> "现实生活中,长期遭受社会排斥会使死亡危险提高到400%,这与吸烟产生的危害是相同的。……社会型驱逐是社会排斥的极端形态,因此会使人更加痛苦。研究者发现,社会型驱逐会给全世界带来不快。"[42]

人们经受的痛苦中,最大的痛苦便是得不到尊重。如果人得不到尊重,便会陷入极度的痛苦,无法脱身,也绝对不可能获得幸福。

奴隶主和奴隶不可能相互尊重,通过这一事实我们能够了解到,只有在相互平等的关系中,人们才能相互尊重。换言之,平等是相互尊重的前提。因此,人们之间关系越平等,国家的幸福指数越高。一位长期居住在丹麦的美国人曾说:"丹麦人的幸福指数高,其原因用一个词来概括便是'平等'。影响幸福的所有的因素似乎都与平等有关。……在这里,医生和清洁工没有多大的区别。他们会结伴去登山或做运动,过着相似的生活。"[43] 丹麦的未来学家罗尔夫·詹森(Rolf Jensen)也认为,平等是带来幸福的主要原因。

"如果问丹麦人他们为什么幸福,虽然答案并不完全一致,但我认为是因为平等。丹麦是一个人人平等的国家。"[44]

所谓和谐的共同体就是平等的共同体,因为人人平等才能相互尊重,健康的人际关系才能得到普及,社会才能够幸福。健康的共同体能够使成员们相互尊重,从而带给人们幸福。

发现生活的意义和价值的方法

集体赋予人们生活的意义和价值,从而带给人们幸福。首先,人们生活在共同体和社会中,才能发现生活的意义。更准确地说,人们在为社会做出贡献的过程中发现生活的意义。动物不需要生活的意义,在无人岛上独自生活的人也不需要。但是,对生活在社会中的人们而言,生活的意义是必不可少的。然而,生活的意义个人无法提供,只能由社会提供。

享乐主义者和个人主义者游离于社会之外,对社会没有贡献,因此他们的生活没有意义。为社会做出各种各样贡献的革命家或改革家、思想家、科学家,人们常常把他们的人生评价为有价值的人生。而且，为了能够长时间记住他们，人们会为他们修建纪念碑，也会用文字来记录他们的生平。他们对社会的发展和历史的进步做出了贡献，因此人们认为他们的人生充满意义和价值。脱离集体和社会，我们无法讨论生活的意义。这说明，共同体或社会赋予人生活的意义，从而带给人们幸福。

为社会奉献的人生

在为集体或社会做出贡献时，人的生活才会产生价值。生活的价值取决于生活的社会意义。对社会有贡献，生活便充满价值；对社会没有任何贡献，生活便没有任何价值。可以说，生活的价值就是人存在的价值，没有价值的生活难以提高人存在的价值。如此，生活的价值或人的价值取决于他对社会做出的贡献或者社会对他的需要程度。

如果家庭成员没有为家人和家庭做出任何贡献，凡事只考虑自己，那么其他家庭成员对其价值评价将会非常低。同样的道理，如果一个人没有为社会做出任何贡献，那么世界对他的价值评价也会很低。这意味着，生活的价值和人的价值取决于其对共同体和社会的贡献。只有对共同体和社会做出贡献，人的生活才具有价值。因此，脱离社会或对社会漠不关心，只追求个人的利益，这样的生活没有任何价值。

生活的意义和价值是由客观情况决定的。换言之，生活

第三篇
创造真正幸福的社会

的意义和价值并不取决于主观的或恣意的判断，而是取决于客观的社会情况。客观的现实生活反映了人们的心理，因此，如果一个人的生活对社会没有贡献，那他就无法找到生活的意义，也无法把自己的人生看作有价值的人生。心理医生金惠南[①]说过，"当我做完自己该做的事情或者当我感到我对他人非常重要时，我能感受到自己很幸福。……人们在相互交往中付出爱并得到爱的感觉、认为自己是有价值的人的感觉以及自己对别人有用的感觉，就是幸福。"[45] 当然，我们不能说，感受到自己存在的价值或生活的价值就是幸福，但是，很明显，这是幸福的必要条件。共同体通过赋予人们生活的意义，带给人们幸福。

过着自私自利生活的人并不能发现生活的意义和价值。只有为共同体和社会做出贡献，人才能发现生活的意义和价值。因此，乐于奉献的人更加幸福。盖洛普对130个国家的100多万人进行了一项调查，调查结果显示，预示生活满意度的六项指标中，为别人提供财务上的援助与生活满意度的关系最密切。[46] 简而言之，对他人和共同体有贡献的活动能够对生活满意度（即幸福）产生最大的影响。

1957—2004年，以1万多人为对象进行的纵向研究显

[①] 曾担任庆熙大学医学院、成均馆大学医学院和仁济大学医学院的外聘教授，也曾作为金惠南神经医院院长接诊患者，代表作有《三十岁的心理学》等。——译者注

示，在选择工作时，一个人是否重视该工作能够帮助别人，预示着30年后其生活是否幸福。[47]简而言之，如果人们在选择工作时考虑到社会贡献度，那他们在以后的生活中能够更加幸福。选择工作时，看重对社会的贡献度而不是收入，能够帮助人们在职场生活中发现生活的意义和价值，从而自然能够提高幸福水平。威斯康星纵向研究对10 371人进行了调查研究，得出的结果显示，参与集体活动时，不能单纯为了个人的利益，只有对社会做出贡献，人们才能够获得幸福。

> "与许多人口学因素相比，志愿服务更能够让人获得幸福。而且，其效果优于那些为了自身利益而参与的社会活动，比如运动、文化社团或者田园俱乐部等所获得的。……志愿服务和幸福感之间存在密切的关系。"[48]

其他研究也证实，人们在为他人或社会做出贡献时，能够获得幸福。美国进行了一项研究，给实验参与者一笔钱，并将他们分为两组。一组要求参与者将钱用在自己身上，另一组要求参与者将钱用在他人身上，然后测定两组参与者的幸福度。实验结果显示，为他人花钱比为自己花钱，更容易让人获得幸福。对于来自加拿大（100名）、印度（101名）、乌干达（700名）的参与者，结果都一样[49]，甚至以犯罪者为对象进行的研究，结果也一样。[50]

100 多年前，心理学家埃德蒙·桑福德（Edmund Sanford）说过，"幸福晚年的真正秘诀是，在生命的最后一刻，也在为他人奉献。"[51] 正如他所言，人们只有为社会做出贡献，才能享受到真正的幸福。

要有宗教信仰，才会幸福吗？

生活意义与幸福之间的关系中，有一个不得不提的问题，那就是宗教与幸福之间的关系。一些研究显示，宗教与幸福之间呈正比例关系（也有研究结果显示两者之间呈反比例关系）。也就是说，信仰宗教的人更幸福。根据这些研究结果，一些宗教人士或信奉宗教的心理学家劝告世人，要想获得幸福，就要有宗教信仰。但是，从结论上来说，这种劝告是错误的。因为，宗教本身和幸福几乎没有任何关系。那么，为什么大多数研究都发现，宗教和幸福之间存在联系呢？

一些心理学家的解释是，信仰宗教的人积极参与教会活动，相对而言与社会的联系更加密切。在当今资本主义社会，孤独已经成为一种常态，没有宗教信仰的人很容易变成孤身一人，即使内心痛苦，也很难得到安慰或支持。相反，信仰宗教的人并不会这样，所以他们比其他人更加幸福。另外，还有一些心理学家认为，信仰宗教能够得到更多社会认可和尊重，因此，信仰宗教的人相对而言更幸福。

例如，基督教在美国占有绝对的优势，相比于伊斯兰教教徒和无神论者，基督教教徒在美国能够得到更多的社会认可和尊重，因此，他们相对而言更幸福。另外，许多研究发现，在宗教盛行的国家中，无神论者会受到歧视或遭到社会排斥。如果信仰的宗教影响力较低，其教众的遭遇与无神论者相似。换言之，在美国这样的国家中，无神论者或伊斯兰教教徒会遭到社会排斥，成为被攻击的对象，因此，相对而言，他们并不幸福。这些研究告诉我们，宗教本身并不能带给人们幸福。

实际上，相比于社会纽带或互相支持，生活意义能够对宗教和幸福之间的关系产生更大的影响。对153个国家占全世界79%的人口进行的调查研究显示，在宗教和幸福之间的关系中，相比于另外两个潜在的因素（来自社会的支持和尊重），生活的意义和目的发挥着更重要的作用。

如果增进幸福的不是宗教本身，而是生活的意义和目的，那么拥有坚定信念的无神论者也能够比信仰宗教的人更幸福。许多研究证明，这种猜测是正确的。其中比较有代表性的是，"不管是宗教人士还是无神论者，能否拥有坚定的信念确实能够预测他们是否幸福。"[52] "无神论者的幸福和宗教人士的幸福没有什么不同。"[53]

对于宗教与幸福之间的关系，一些研究结果显示，宗教本身并不能对幸福产生重要的影响，对幸福产生重要影响的是生活的目的或意义。那么，宗教也好，特定的理念也罢，为什么

第三篇
创造真正幸福的社会

信念或信仰对幸福非常重要呢？这是因为单纯通过学习知识很难找到生活的意义或目的。例如，有人精通历史或物理，但这并不意味着他能够找到生活的意义或目的。一般来说，人们在哲学世界观的基础上确立自己的人生观时，才能够找到生活的意义或目的。哲学的研究对象是整个世界，通过研究世界为人们提供世界观。因此，拥有坚定的哲学信念，人们才能形成世界观和人生观，进而以此为基础获得生活的意义和目的。

切·格瓦拉（Che Guevara）是一位意志坚定的革命家。他坚持马克思主义哲学，拥有辩证唯物主义的世界观和人生观，认为真正的人生在于为革命而奋斗。他以这种世界观和人生观为基础，为实现全世界人民的自由和幸福而奋斗，并从中找到了生活的意义和目的。切·格瓦拉拥有坚定的哲学世界观和人生观，像他一样的人能够找到生活的意义和目的，因此，他们比其他人更幸福。

除哲学以外，其他分支学科仅仅研究世界的一部分。历史学的研究对象是历史，社会学的研究对象是社会，历史和社会是世界的一部分。如此，分支学科并不研究整个世界，而是研究世界的某一部分，因此，无法为人们提供世界观。相反，宗教是一种唯心主义哲学，所以能够为人们提供世界观和人生观。即使宗教宣扬的世界观和人生观是不科学的，但对人们而言，宗教仍然能够发挥哲学的作用。

例如，基督教能够为人们提供世界观和人生观。基督教的世界观以上帝为中心，其人生观认为遵循上帝旨意的人生是最有意义的人生。正因为如此，与没有任何信念、找不到生活的意义和目的的人相比，宗教人士更加幸福。当然，宗教提供的世界观是不科学的，与宗教相比，哲学提供的世界观是科学的，因此，哲学能够使人们更加幸福。

宗教本身并不能提高人的幸福感。宗教通过加强生活的意义和目的、社会纽带或相互支持、自我控制力等，来提高人的心理承受能力、改善社会条件，从而提高人的幸福感。宗教本身并不会提高人的心理承受能力，也不能改善社会条件，反而会使情况更加糟糕，从而降低幸福水平。因此，虽然一些研究发现，宗教和幸福之间呈正比例关系，其他的研究却发现，两者之间呈反比例关系。总而言之，信仰宗教能使人获得幸福，这种说法是不妥当的。

道德和成就感

一个美国人在美国的一个乡村做志愿者，他说："我尽自己所能帮助他们。由此，我了解到一个事实，没有什么事情能够比被人需要更有成就感。"[54]人们为社会做出贡献时或者感到自己为社会做出贡献时，体验到的情感就是典型的成就感。与幸福有关的情感中，这种成就感最重要。

在快乐-不快乐和满足-不满足之间，成就感不属于快乐，而是属于满足。成就感的重要性是单纯的快感所无法比拟的，在满足感中也占据着最高的地位。在生活困难的旧时代，妈妈们去参加酒席时，不会对端上餐桌的饭菜大快朵颐，而是常常将其装在包里带回家。回到家，打开包，看到孩子们欢呼雀跃、津津有味地吃东西的样子，妈妈会感到很有成就，也很幸福。如果妈妈在宴席上把食物吃掉，会得到暂时的快乐，但是不会感受到成就感和幸福感。

国家或社会遭遇危机时，参加志愿活动的人们通常会非常辛苦。新冠肺炎暴发后，参加医疗志愿服务活动的志愿者们也不例外。在这种志愿活动中，志愿者们可能不会感到快乐，反而更容易感到辛苦。但是，在这个过程中，他们能够获得成就感，这是快乐所无法比拟的。所以，即使辛苦，他们也能够感受到幸福。如此，人们在为社会做出贡献的时候，不仅能够发现生活的意义和价值，而且能够感受到对幸福而言最重要的情感——成就感。

自古以来，亚里士多德等人就一直强调道德的重要性。勒内·笛卡尔（René Descartes）说过，"如果能明白一个事实，即不要一心关注自己的财富和荣誉，而是要努力行善，那我的灵魂就会得到'内在的满足'。"[55] 康德强调，要实现道德和幸福结合产生的至善，也就是要以道德为基础，实现幸福。[56]

追求幸福与道德相辅相成，或者道德比获得幸福更加重要，持有这种观点的幸福论被称为伦理幸福论。那么，道德真的与获得幸福有关吗？

真正的幸福

吉利恩·M. 桑德斯卓姆（Gillian M. Sandstrom）和伊丽莎白·W. 邓恩（Elizabeth W. Dunn）说过，"在生活中讲道德，比如付出、感恩、原谅、真诚等，能给人们带来高于预期的幸福。"他们强调："如果在生活中讲道德，即使人们不曾期待幸福，也能够增进人们的幸福。"[57] 此外，许多研究证实，道德和幸福之间成正相关。换言之，幸福的人，更倾向于讲道德；讲道德的人，更幸福。

虽然讲道德的人并不一定全都幸福，但是，不讲道德的人不可能幸福，可以说讲道德是幸福的前提条件。讲道德，首先意味着人要遵循自己的良心、自觉遵守道德规范。但是，道德和良知反映的是社会意识，认为社会比个人更加重要。在无人岛上独自生活的人，不需要讲道德。即使不讲道德，他也不会受到社会的指责和良心的谴责。因为，独自生活在无人岛上，他不管做什么，都不会给他人或社会造成困扰。

制定道德规范的初衷是为了社会的稳定和发展。讲道德是一种行为规范，需要人们在社会和集体生活中以及与他人交往的过程中自觉遵守。单凭讲道德的定义，我们就可以知道，制定道德规范不是为了个人，而是为了社会的稳定和发展。讲道德的本质不是为了个人，而是为了社会。因此，奉献社会自然包含讲道德。

只关心自己的利益，不仅无法感受到生活的意义和价值，也无法感受到成就感，因此不可能幸福。站在人际关系的角度

第三篇
创造真正幸福的社会

来看,拥有优秀的父母或朋友也是一种幸福。在这样的环境中生活,人们可能经常感受到快乐或满足等积极的情感。主流心理学不关注情感的质量,认为如果情感的总量够多就是幸福。因此,站在主流心理学的立场上,这样的人可能是最幸福的人。但是,拥有优秀的父母或朋友,本身并不代表有意义、有价值、有成就感的人生。因为,拥有优秀的父母或朋友,并不意味着自己会对社会做出贡献。真正的幸福基本上与生活的意义和价值以及与之相伴的成就感有关。因此,不管一个人的物质生活多么丰富、拥有多么好的人际关系,如果他不能对社会做出贡献,就不可能享受到真正的幸福。

我一直在写文章,实际上,通过写文章很难获得快感。如果想要获得快感,品尝美食或看电影更好。但是,与看电影相比,我觉得写文章的时候更幸福。因为,写文章的过程中或者写完文章的时候,我能够感受到满足感和成就感,这是快感所无法比拟的。

日军侵略时期,抗日战士的生活最有意义、最有价值、最有成就感。这是因为,他们的人生对社会有极大的贡献。但是,我们不能说,因为抗日战士的一生充满价值,所以他们经常能够感受到快乐。参与抗日战争,可能要与亲爱的父母或其他家人经历生离死别,也可能被逮捕关进监狱或被杀害。这样的生活无疑是艰辛且痛苦的。心理学认为积极情感的总量就代表着幸福,或许,站在心理学的角度来看,抗日战士是非常不幸福

真正的幸福

的。但是，即使抗日战士无法感受到李完用[①]获得的那种快乐，他们获得的满足感也是无人可以企及的。而且他们可以尽情地享受成就感，这对李完用等人来说是绝对不可能的事情。

从情感层面来看，真正的幸福基本上取决于满足感，特别是成就感。可以说，快感是次要的。日军侵略时期，抗日战士为社会做出贡献，他们的生活充满意义、价值和成就感，因此可以说，他们是最幸福的人。

个人主义者不会为社会做出贡献，他们根本不知道成就感为何物，而且也很难体验到满足感。他们能经常体验到的唯一积极的情感只有快乐。因此，他们只能把快乐当作幸福。从这一点来看，可以说，在个人主义者的脑海中，不可避免地能够发现心理学的享乐主义幸福论，而心理学的享乐主义幸福论只是一种退而求其次的幸福论。但是，真正的幸福存在于为社会贡献的生活中。换言之，人们只有对社会做出贡献，才能享受到真正的幸福。

[①] 1858—1926年，朝鲜王朝后期大臣，因积极推动日韩合并而被韩国和朝鲜均当作卖国贼。——编者注

第 6 章
社会环境对幸福至关重要

不平等会破坏幸福

主流心理学或隐瞒或巧妙地掩盖真相，一直散播谎言，诸如"幸福取决于个人，社会（环境）对幸福的影响并不大"等。心理学家艾伦曾经编写过一本大学教材——《幸福心理学》，他在此书前言中写道：

> "没有教材研究社会的结构性问题，许多教材甚至完全忽视这些问题。但是，如果想要全面研究人类的幸福心理学，就必须考虑这些问题。"[58]

艾伦明确提到了社会对幸福的重要性，而且与其他心理学著作不同，他在正文中对此进行了论述。即便如此，他仍然强调幸福主要取决于个人，与完全不考虑社会因素的其他心理学家得出了同样的结论：

> "了解到幸福主要取决于自己，这是一件十分有趣的事情。……一般来说，'幸福存在于我们的脑海之中'。因为，我们解读生活的方式会对我们的幸福产生极大的影响。"[59]

主流心理学固执地主张，幸福取决于个人，特别是取决于个人的主观心理。但是，事实并非如此。对幸福产生决定性影响的是社会环境。空气质量状况恶化，大多数人会变得呼吸困难，从呼吸系统虚弱的人开始，生病的人会渐渐增多。空气质量的好坏取决于社会，谁先生病、谁不生病取决于个人。心理学丝毫不关心空气质量的好坏，只关心谁生病，谁不生病。换言之，心理学不关心幸福本身，只关心个体之间的幸福差异。但是，不管主观心理学如何混淆视听，社会环境对幸福至关重要这一客观事实不会改变。

相信"摔倒后，会有人扶我起来"

人们在生活中会遇到许许多多的事情。人们既受这些事情的影响，也会参与到这些事情当中。例如，人们关注与检察机关改革相关的事件或活动时，可能感到开心，也可能感到愤怒，可能参与政治活动来支持检察机关改革，也可能反对检察机关改革。在这个过程中，人们的幸福水平可能升高，也可能降低。换言之，人们的幸福水平会随社会的运行方式或人们的行为方式的改变而改变。

首尔大学幸福研究中心的研究显示，2018 年韩国幸福指数最高的月份是 4 月。2018 年 4 月 27 日召开了朝韩首脑会谈。幸福研究中心称"找不到其他有说服力的原因"，研究人员谨慎地得出一个结论："2018 年 4 月韩国的幸福水平提高的原因可能是和谐的氛围。"[60] 联合国的幸福报告书显示，和平指数的变化对国内产生的影响，相当于人均 GDP 产生 15% 以上的波动时产生的影响。[61] 即使不考虑其他因素的影响，朝韩首脑会谈使和谐的氛围达到高潮，而和谐的氛围提高了韩国社会的幸福指数，这种看法是合理的。如此，带给人们快乐的政治举措或许多社会现象，能够对人们的幸福水平产生极大的影响。

联合国的幸福报告书提道："统治制度以及政府政策为生活提供了舞台。……而且，这也是影响国民如何评价自身生活质量的主要因素之一。"[62] 人们评价自身生活质量时，政治制度和政府政策扮演着重要的角色，这意味着，政治制度和政府政策影响着人们的幸福水平。

社会现状和社会如何发展能够对人们的幸福产生极大的影响。下面，我来简单介绍一下，产生这种影响的几个社会因素。

第一，国家是否为个人的生存负责。国家为个人的生存负责，首先，能够让人们摆脱生存焦虑，即人们不会担心自己的生存问题。其次，人们在对待他人和社会时，也会充满爱和信任。丹麦劳动部长官的一位顾问说道：

"丹麦人对自己生活的社会感到很满意。因为他们相信，如果自己摔倒了，会有人扶自己起来。这种信任也会对幸福指数产生影响。"[63]

第二，社会是否平等。资本主义社会是不平等的，因此迫使人们无法形成健康的人际关系。资本主义社会使所有的东西商品化，人也不例外，因此人际关系已经不再是人与人之间的关系，而是沦为商品之间的关系。[64] 沦为商品的人，与他人建立人际联系时不再遵循人际关系的伦理（即爱和尊重的伦理），而是按照商品关系的伦理（或者商品交换的伦理），即以等价交换的原则为基础建立人际关系。所谓等价交换的原则，简单来说，1 000元的东西要用10个100元的东西交换才公平。按照这个原则，结婚的时候，如果男方准备60 000元的彩礼，女方也要准备60 000元的嫁妆，这才公平。如果，女方准备1 200元的嫁妆，男方可能会生气地说，女方不知羞耻或者不配与男方结婚。女方就像犯罪一样，感到对不起男方。因为这违背了等价交换的原则，即商品关系的伦理。

| 第三篇 |
创造真正幸福的社会

在资本主义社会，人际关系遵循等价交换的原则，只有具有同样的价值，人们才能建立人际关系。教授和医生、法官和检察官可以做朋友，教授和临时促销员、法官和木匠却不能做朋友，因为这违反等价交换的原则。

虽然可以牵强地说，遵循等价交换的原则形成的人际关系是平等的关系，却不能说，那是遵循爱和尊重的伦理建立的人际关系。因为，资本主义社会中形成的人际关系，完全是斤斤计较的关系，是付出与回报对等的关系。如果我以 1 200 元的标准招待对方，对方也要以 1 200 元的标准招待我。如此，等价交换才是王道。"市场经济形成的人际关系中，并不包含感恩、关爱等正面情感，人与人之间是一种冷漠的关系。"[65] 正如这句话所言，资本主义社会中形成的人际关系是商品之间的交换关系。当然，生活在资本主义社会中的人们，也希望拥有健康的人际关系，而不是一味地斤斤计较。但是，整个社会的人际关系都受到等价交换原则的制约，绝大多数人为"必须多赚钱"的强迫观念所束缚，因此在资本主义社会中，很难建立健康的人际关系。

资本主义社会中，人际关系受不平等水平的影响。在一个不平等现象严重的社会，特别是阶级分化的社会中，人们之间的关系已经不再单纯是斤斤计较的关系，支配-从属、虐待-被虐待等关系已经成为常态，人们因为没钱而受到歧视和无视的病态风气正在急剧扩大。

即使资本主义社会非常平等，但斤斤计较的人际关系仍然占据支配地位。[66] 因此，如果不平等现象加剧，资本主义社会的人际关系只能变得一片狼藉。正因为如此，不平等是所有精神疾病或不良社会现象的根本原因，也是破坏幸福的罪魁祸首。

> "收入不平等与众多社会不幸有关。社会不幸包括高犯罪率、高精神疾病率、高婴儿死亡率、高肥胖率以及较短的预期寿命等。……特别是在一些相对富裕的西方国家，收入不平等明显与较低的幸福水平有关。……由社会不平等程度可以预测犯罪率、婴儿死亡率以及精神疾病发病率等许多社会问题。而且，不平等也与信任度低、投票参与度低、市民参与度低等社会结构裂缝有关。"[67]

此外，不平等程度与酗酒问题、学校暴力等成正比。美国各个州的不平等程度和其儿童被虐待情况成正比，欧洲国家的不平等程度与各国儿童受伤害死亡率成正比。一项关于不平等的研究结果预测，如果英国的不平等现象减半，杀人率会降低50%，精神疾病发病率能够减少2/3，犯罪率和十几岁的青少年未婚生子的情况会减少80%，人与人之间的信任度能够提高85%。[68]

如此，如果社会无法解决不平等问题，人们就不可能获得幸福。没有人能够离开社会生活。只有社会幸福，个人才能够幸福。

社会幸福和个人幸福

人是社会性存在，对人而言，集体和社会的幸福与个人的幸福密不可分。因为，在现实生活中，集体利益和个人利益、集体生活和个人生活是统一的。例如，家庭的利益就是所有家庭成员个人的利益，家长的利益就是其家人的利益。人们作为国家的公民，作为特定社会集体的成员，在社会中生活的同时，也经营着自己的生活。因此，集体幸福，生活在集体中的个人才可能幸福；所有人幸福，他们所在的集体才能够幸福。

当然，在韩国这种资本主义社会中，大多数情况下，集体利益和个人利益、集体幸福和个人幸福并不一致。工人工资低，对资本家而言是好事，这能够带给资本家幸福，却给工人带来不幸。在激烈的个人竞争中，同事的利益是自己的损失，同事的幸福是自己的不幸。如此，在资本主义社会中，集体幸福和个人幸福一致的情况极其少见。因此，生活在资本主义社会中，大部分人对社会幸福漠不关心，只追求个人幸福。但是，若想

真正的幸福

解决集体幸福和个人幸福对立的问题，就不能漠视社会幸福、只追求个人幸福，要通过社会改革，使韩国成为一个集体幸福和个人幸福一致的国家，这样集体幸福和个人幸福对立的问题才能真正得到解决。因为，脱离社会幸福的个人幸福，只是幸福的一部分或者是不完整的幸福。如果只追求个人幸福，那么个人不可能享受到真正的幸福。

与个人幸福相比，社会幸福更重要。因为，只有社会幸福，生活在社会中的个人才能够幸福。社会幸福比个人幸福更重要，因此，一个人只有为了社会的繁荣和所有人的幸福奋斗，才能够享受到真正的幸福。漠视社会幸福，只追求个人幸福，这样的人不仅无法享受到真正的幸福，还会遭到社会的指责，被社会抛弃。对人们而言，社会幸福十分重要，为了社会幸福奋斗时，才能获得真正的幸福，这一事实意味着，幸福的社会层面，即社会幸福才是幸福真正的本质。但是，这并非意味着，我们可以忽略幸福的个人层面。

离开个人生活，人类的生活是不存在的，人们若想幸福地生活，不仅需要社会幸福，个人生活也要幸福。只有人们在个人生活中享受到幸福，社会幸福才更加充满活力，人们才能够不知不幸为何物，享受到百分之百的幸福。个人幸福包含实现个人需求的许多方面。有相亲相爱的家人和朋友，不会因为日常开支感到焦虑，有健康的身体和快乐的生活等，这些都属于个人幸福。

健康的身体对个人幸福有极大的意义。只有身体健康才能够更好地为社会、为自己奋斗，并在这个过程中感受到生活的意义和快乐。卧病在床、遭受肉体痛苦的人很难享受到生活的快乐，而且，身体不适导致个人无法为社会做出贡献，令人心怀愧疚、感受不到自己存在的意义。

个人幸福中必须考虑的一个方面是发现人的个性，即关注个人能力和素质的发展。当个性的自由表达受到约束时，人们会感到不适，感到不幸福。由于自己的资质和能力不足，无法为社会和自身发展做出贡献时，人会感到不快乐和孤独，无法获得成就感。因此，个人能力和资质得不到发展，人不仅无法享受到社会幸福，甚至无法真正享受个人幸福。因此，一个人想要幸福，就要积极发展自己的个性。

社会制度对幸福产生巨大的影响

心理学或幸福学几乎不讨论幸福的客观条件，只强调主观条件或主观心理。但是，如果人们想要获得幸福，首先要为幸福创造客观条件。幸福的客观条件和主观条件是统一的。社会为人们创造幸福生活的客观条件，当人们能够利用这些客观条件为自己服务时，才能够获得幸福。换言之，只有社会为人们创造出幸福生活的物质文化条件，保障人们的个性和能力得到发展，并且人们有能力利用这些条件时，人们才能够获得真正的幸福。

例如，国家实施义务教育、免费医疗、免费住房、保障基本收入等政策，为人民的幸福创造物质文化条件，每个人通过接受良好的教育和健全的文化，发展自己的个性时，人们才有可能获得真正的幸福。从这点来看，在个人利己主义根深蒂固的资本主义社会中，人们不可能获得真正的幸福。

如果国家或社会要为人们的幸福创造客观条件，首先需要建立完善的社会制度，因为幸福的客观条件基本上取决于社会制度，规则或规范能够对人们的幸福产生巨大的影响。

如果篮球比赛中规定，不可以让篮球掉在地上，一直用手拿着，那么个子高的选手绝对占优势。因为，如果球队中最高的身高2.3米的巨人把球举过头顶，那无论是谁也无法把球夺走。这个规定虽然会让个子高的人感到幸福，但会让个子矮的人感到不幸福。如此，规则和规范能够对人们的幸福产生巨大的影响，而社会制度则以法令的形式规定了社会运行的规范或规则。正是因为如此，社会制度从根本上持续地对人们的幸福产生巨大的影响。

资本主义社会以制度的形式阻碍社会为人们的幸福创造客观条件，在这样的社会中，统治阶级拥有幸福（当然不是真正的幸福）的特权，绝大多数民众却陷入不幸。因此，马克思等许多思想家以及埃里希·弗洛姆等心理学家主张，"只有把资本主义制度变革为社会主义制度，真正的幸福才有可能实现。"

| 第三篇 |
创造真正幸福的社会

近年来，世界范围内的不平等现象极为严重，资本主义矛盾愈演愈烈，甚至拥护资本主义制度的学者们也高呼"需要大力改革资本主义制度，促进社会平等"。在这里详细讨论这一话题会偏离主题，所以，我决定只强调一点，只有社会制度规定国家为国民的幸福创造客观条件时，真正的幸福才有可能实现。

第四篇

寻找真正的幸福

第 7 章
此时此刻，我们需要真正的幸福论

实现人生目标

目前为止，我们分析了两个问题：一个是"为什么韩国社会中蔓延的物质主义幸福论，以及主流心理学和幸福学宣扬的幸福论是荒诞无稽的幸福论"；另一个是"具备哪些条件我们才能够获得真正的幸福"。现在，我们必须摆脱这些幸福骗局，在幸福条件的指引下走向真正的幸福。那么，真正的幸福，即真实的幸福到底是什么呢？心理学究竟该如何定义幸福呢？

韩国《国语词典》中对幸福的定义是："幸福是一种心满意足的状态，是在生活中感受到的充分的满足和喜悦。"[1]这一定义表明，幸福与"生活"有关，并且，与幸福相联系的是"满足"而不是"快感"。从这一点来看，相比于主流心理学，《国语词典》中对幸福的定义更加准确。因为主流心理学认为，幸福与生活没有关系，而且在讨论幸福时主要关注个人的快感。但是，即使《国语词典》中对幸福的定义有值得肯定的一面，但其仍然是一个不完整的定义，没有提到幸福的本质与核心。

目标实现时的感觉

幸福与目标是否能够实现密切相关。人与动物不同，人在生活中会设定目标，并为了实现该目标而努力。动物活着是毫无目的地遵循本能，但是人活着是为了实现自己的目标。不管这是有意识的还是无意识的，我们都无法想象，没有目标的人该如何生活。有没有目标决定着生活是否有意义。简单来说，目标赋予行为意义。我们假设木匠在认真地做木工活。如果他的目标是盖房子，那么他的木工活也会充满意义。但是，如果他没有任何目标，那么他的木工活就没有任何意义。如此，有了目标，人们为了实现目标进行的活动才有意义。人们在有意义的活动或生活中，才能享受到幸福。换言之，人们在没有意义的活动或生活中，无法享受到幸福。

人们有目标才能体验到满足感。前面我们谈到，人们的情感基本上分为快乐-不快乐和满足-不满足。一般来说，瞬间的欲望得到立刻满足时，人们体验到的情感是快感。例如，寒冷的冬天走在大街上，闻到鱼饼的香味，人们会产生想吃鱼饼的欲望，如果马上吃到鱼饼，这时人们体验到的情感就是快感。

| 第四篇 |

寻找真正的幸福

与快感不同，一般来说，满足感是在目标实现时体验到的情感。

实现目标与瞬间的欲望得到满足是不同的。其中，最重要的是，实现目标的努力中包含着人们的意志。例如，假设在网上看到某家餐厅的介绍，我们决定去那里吃饭。去充满期待的餐厅吃饭和走在路上买鱼饼吃是两码事。去餐厅吃饭，要先确定好日期和时间，准备好钱，确定好去餐厅的交通方式以及出行路线，甚至还要打电话预约。如此，即使只是为了实现探店这一单纯的目标，人们付出的努力中，也包含着自身的意志。

去餐厅吃完饭，如果饭菜的味道和预期的一样，人们就能够体验到满足感。换言之，这时候体验到的积极的情感并不是单纯的快感，而是满足感（当然，其中也包含着快感这种低级情感）。主流心理学主张人与动物基本上没有差别，因此，主流心理学只关注动物也有的快乐－不快乐的情感，不关注人特有的满足－不满足的情感。对人们而言，更重要的是满足感，而不是快感；与幸福有更大关系的也是满足感。换言之，幸福基本上与满足感有关，而不是快感。总而言之，幸福带给人们满足感，因此，幸福与目标的实现相关。

最高层次的、最重要的目标

很明显，幸福与目标的实现有关。但是，实现生活中的小目标并不是幸福。比如，去充满期待的餐厅吃饭，并不代表人就能够获得幸福。幸福与人生整体目标的实现有关，而不单纯是实现生活中的小目标。联合国幸福报告书中写道："与生活条件或积极情绪发挥的作用不同，'生活的目标'在提高生活评价方面发挥着积极的作用。"[2] 而且，幸福研究显示，人们如何评价自己的生活能够对幸福产生极大的影响。拥有生活目标，能够对人生评价产生积极的影响，自然而然会提高幸福水平。简单来说，与没有生活目标的人相比，拥有生活目标的人能够更正面地评价自己的生活，因此，这样的人会更幸福。那么，为什么拥有生活目标能够对生活评价以及幸福产生积极的影响呢？

第一，生活目标能够给人们指明前进的道路。去餐厅吃饭这一目标，只会告诉人们如何去餐厅，并不会告诉人们想要获得真正的人生该走哪条路。人们想知道自己应该过什么样的生活，什么样的生活才能够带来幸福。拥有生活目标意味着，对于这些问题，人们找到了自己的答案。

没有目标的生活或人生，犹如茫茫大海中随波逐流的船。如果拥有明确的生活目标，即使漆黑的夜晚在大海中航行，人们也会循着灯塔的亮光，坚定地向着目标前进。拥有目标的生活或人生能够带给人们幸福，但是没有目标、四处漂泊的生活或人生，只会让人离幸福越来越远。

第二，生活目标能够赋予人们生活的意义。我们在前面谈到，生活的意义取决于生活的社会意义，生活目标同样会对生活的意义产生影响。这是因为，生活的社会意义和生活目标是

| 第四篇 |

寻找真正的幸福

密切相关的。

如果想要生活具有社会意义,就要树立能够产生社会意义的生活目标,并且为了实现这一目标而努力。如果生活目标具有社会意义,那么为了实现这个目标进行的所有活动、生活以及人生,都是有意义的。例如,如果一个医生的生活目标是利用自己的医术为社会做贡献,那么这个医生从事的医疗活动、作为医生的日常生活和人生都是具有意义的。相反,如果没有目标,从事任何事情都不会具有意义。生活没有目标、虚度光阴的人,他们的无数活动、社会生活和个人生活甚至是人生都不可能具有任何意义。对于拥有生活目标的重要性,心理咨询师郑东燮曾经说过:

> "目标缺失是不幸和生活不满意的原因。在我们的人生中,寻找明确的生活目标是获得幸福和满足的必要条件。……追求目标为我们的日常生活增添了方向和意义。"[3]

第三,生活目标是满足感的源泉。一般来说,幸福带来满足,而满足感是幸福的一种情感或情感表达。如果说幸福与满足相随,那么不幸福便与不满足为伍。满足是目标实现时体验到的情感,因此,满足的质与量,取决于生活目标的内容和水平。人们实现单纯、次要的目标时,会体验到单纯的、较少的幸福感;人们实现重要的目标时,会体验到高层次的满足感。

生活目标是水平最高的、最重要的目标。因此，实现生活目标获得的满足感，真可谓是最高级别的满足感。实现毕生梦想时体验到的满足感，是仅仅通过考试体验到的满足感所无法比拟的。

综上所述，生活目标的实现、有助于实现生活目标的行为以及随之而来的满足感都与幸福有关。换言之，幸福首先意味着生活目标的实现。

有尊严地活着

幸福与目标的实现有关。因此，幸福也跟欲望得到满足有关。这是因为，人们确立目标的依据是自身的欲望。目标和欲望密不可分，因此，许多幸福学家甚至把欲望得到满足看作幸福。

人在社会上受到高度尊重时，能够感受到幸福；享受充裕的物质生活时，也能够感受到幸福。高中生考上大学时能够感受到幸福；科学家经过呕心沥血的研究取得成功后，能够感受到幸福；艺术家当自己的作品得到社会的高度评价时能够感受到幸福。人们的生活方式多种多样，人们感受到幸福的情况也各不相同。但是，这些情况有一个共同点，那就是，人们感受

第四篇

寻找真正的幸福

到幸福的时候,自己的欲望得到了满足。

欲望得到满足时,人们能够感受到幸福,这是不争的事实。但是,这并不是说,任何欲望得到满足时,人们都能够获得幸福。因为,人类的欲望中既有正常的欲望,也有不正常或病态的欲望。并非任何欲望得到满足时,人们都能够获得幸福;只有正常的欲望得到满足时,人们才能够获得幸福。这同时意味着,并非任何生活目标得到实现时,人们都能够获得幸福;只有正常的生活目标得到实现时,人们才能够获得幸福。总而言之,正常的欲望得到满足时以及正常欲望催生的正常生活目标得到实现时,人们才能够获得幸福。因此,人们首先要正确了解哪些欲望是正常的,才有可能走向幸福。

⋮ 何为人类本性?

所谓正常的欲望或者正常的目标,指的是符合人类本性的欲望或目标。换言之,人类本性是判断欲望或目标是否正常的标准。如果想了解其中的原因,首先有必要弄清楚人类本性是什么。[4] 本性,顾名思义,指的是根本属性或性质。那么,根本属性到底是什么?可以说,根本属性指的是事物本身所具有的固有属性,是使某一事物之所以能够称为该事物的属性。

例如,汽车具有许多属性:钢铁材料、流线型轮廓、四个车轮、自我驱动,等等。在这些属性中,即使失去钢铁材料这一属性,汽车也仍然是汽车。以塑料或木头为原料制作的汽车也是汽车。因此,铁制并不是汽车的根本属性,而是次要属性。但是,如果汽车丧失了自我驱动的属性,那它就不再是汽车。不管看起来与汽车多么相似,如果没有发动机,必须依靠马提供动力,这样的车并不是汽车。如上所述,本性指的是使某一事物能够称为该事物的属性。反过来说,如果失去某种属性之后,该事物已经不能再称为该事物,那失去的属性就是该事物的本性。

人也具有许多属性,比如,直立行走、能够使用语言、手指可以自由活动、做事凭良心,等等。但是,如果一个人遭遇交通事故后无法继续直立行走,我们不能因此就说他不再是人。同样,如果一个人因为生病而无法开口说话,我们也不能因此就说他不再是人。所以,这两种属性都不是人的根本属性,即它们不是人类本性,而是人的次要属性。如果一个人不再凭良心做事,那我们可以说他已经不再是人。所以,凭良心做事才是人类本性。人类本性指的是,人之所以能够称为人的性质或属性。反过来说,如果一个人失去某种性质或属性后,他已不能再称为人,那么,失去的性质或属性就是人类本性。简而言之,本性指的是决定某一事物为该事物的性质或属性。

判断某一性质是否为人类本性,主要参照两个标准,即普遍性和精神健康(或者幸福)。所谓普遍性,简单来说指的是,有人存在的地方就能够发现人类本性。普遍性可以分为历史普遍性(时间普遍性)和社会普遍性(空间普遍性)。历史普遍性

| 第四篇 |

寻找真正的幸福

指的是，在任何历史时期，都能够观察到人类本性；社会普遍性指的是，在任何社会，都能够观察到人类本性。

我们以人对金钱的欲望为例来说明。如果说人对金钱的欲望具有历史普遍性，那么在原始社会、朝鲜时代以及当今社会的人们身上，都能够发现这种欲望。但是，进入资本主义时期以后，人们才渐渐产生对金钱的强烈欲望。原始社会自不必说，一直到朝鲜时代，也几乎没有发现人对金钱产生欲望。西方国家的情况也是如此。所以，人对金钱的欲望不满足历史普遍性这一标准。

社会普遍性的情况也是如此。在韩国和美国这样的社会中，人们对金钱的欲望非常强烈，但是在亚马孙原住民部落中，甚至很难发现这种欲望。因此，人们对金钱的欲望也不满足社会普遍性这一标准。普遍性之所以能够成为判别人类本性的标准，是因为作为一个人，其人类本性不可能消失。人类本性是人之所以为人的根本属性，不会突然消失、突然出现、反复无常，而是一直存在于人所在的时空中。

人类本性与精神健康或幸福状况成正比。更确切地说，精神健康和幸福是人类本性得以实现后产生的结果。一般来说，所有的生物只有按照自己的本性生活，才能维持健康的精神状态，才能够获得幸福。老虎是肉食性动物，不是草食性动物。如果老虎只吃草，结果会怎样？要么精神出现问题，要么死去，当然，也不可能获得幸福。老虎按照老虎的本性生活，才能获得幸福；狗按照狗的本性生活，才能获得幸福。当然，我们无法讨论动物是否幸福，这只是一种比喻。但是，通过这一点，我想说的是，人只有遵循人类本性生活，才能维持健康的精神状态，才能够获得幸福。

许多心理学家主张，自私是人类的本性。如果他们的主张是正确的，即如果自私与人类本性有关，那么人应该越自私精神状态越好，生活得越幸福。但是，许多研究证实，人越自私，精神健康状态越差，生活得越不幸福。这表明，自私不仅与人类本性无关，甚至与之相悖。综上所述，人类本性与人的精神健康状况成正比，因此精神健康状况可以作为人类本性的判断标准，评判什么是人类本性、什么与人类本性有关。

哪些要求或欲望能够满足判别人类本性的两个标准？或者说哪些要求或欲望符合人类本性呢？其中，比较有代表性的是爱和自由。

爱满足普遍性的标准。不管是原始社会还是朝鲜时代，抑或是当今社会，只要是人，都渴望爱。换言之，爱满足历史普遍性的标准。不管生活在何种社会，不管是韩国人还是美国人，抑或是非洲人，人人都渴望爱。换言之，爱满足社会普遍性的标准。

爱也满足精神健康的标准。爱能够让人维持健康的精神状态，获得幸福。相反，得不到爱，人的精神状态会变差，从而变得不幸。

| 第四篇 |
寻找真正的幸福

自由也是如此。奴隶社会的奴隶、封建社会的农民以及当今社会的普通民众都渴望自由。不管是韩国人还是美国人，抑或是非洲人，人人渴望自由。即自由满足历史普遍性和社会普遍性的标准。人越自由，精神状态越好，越容易获得幸福。相反，如果人的自由被剥夺，人的精神状态会变差，从而变得不幸福。即自由也满足精神健康的标准。

献身于有价值的目标

自古以来，韩国人就有一个希望——有尊严地活着。20世纪80年代流行的大众歌谣《钢铁工人》中，有这样一句歌词："即使我只活一天，我也想有尊严地活着。"当人们看到那些卑躬屈膝、卑鄙无耻的人时，人们甚至会训诫他们"做人要有尊严"。按照现在的观点来看，"有尊严地活着"可以解释为"遵循人类本性而活"或者是"为实现人类本性而活"。换言之，有尊严地活着意味着，人要遵循人类本性而活，而狗要遵循狗的本性而活。

有尊严地活着或遵循人类本性而活，指的是生活中要满足人类本性产生的欲望，实现随人类本性而来的目标。人类拥有各种各样的目标，为了实现这些目标而活，并不意味着人就能够无条件获得幸福。人们只有为了实现符合人类本性的目标而活时，才能够获得幸福。为了方便解释，以下符合人类本性的欲望我们称为"人类共同的欲望"，符合人类本性的生活目标

真正的幸福

我们称为"人类共同的目标"。

相比于没有生活目标的人，拥有生活目标的人生活得更幸福。但是，如果生活目标违背人类本性，那么为了实现这种目标而努力，并不能让人们获得幸福。如果一个人追求一夜暴富，终生吃喝玩乐，那他真的能够获得幸福吗？当然，不做违背道德的事，踏踏实实地工作赚钱，然后买房，在实现这种个人生活目标的过程中，人们也能够感受到一定程度的幸福。但是，这种幸福只是脱离社会、独自生活的人能够获得的个人幸福，并不是真正的幸福。只有为了实现人类共同的目标而努力，所有人才能够获得真正的幸福。

人类本性并不是人的生物学属性，而是人的社会属性（或者品性）。只有人类才具有人类本性。人和动物共有的生物学属性，并不是人类本性，只是人的一些次要属性。人类本性是人的社会属性，这句话意味着，人类本性激发的欲望不是个人的欲望，而是社会性的欲望。简单来说，人类本性激发的欲望并不单纯属于某个人，从原则上来讲，那是所有人共同拥有的集体欲望。例如，追求自由并不是某个人拥有的特殊欲望，而是所有人共同拥有的集体欲望和社会欲望。

个人欲望分很多种，有的与社会欲望息息相关，有的有助于满足社会欲望，也有的与社会欲望毫无关联或与社会欲望背道而驰。其中的后者，即与社会欲望背道而驰的个人欲望与人类本性并无关系，以实现这种欲望为人生目标的生活，并不能让人感受到人生的价值，也不能带给人们幸福。因此，个人利己主义者在个人欲望或利益实现时，感受到的快感或满足感，与人类共同的欲望实现时人们感受到的满足感或幸福感没有任何关系。

很久以前，海伦·凯勒（Helen Keller）曾经说过："很多人都不清楚什么才是真正的幸福产生的条件。真正的幸福并非来自自我满足，只有实现有价值的目标，人们才能够获得幸福。"[5]个人欲望得到满足或者个人目标实现时，人们能够体验到一种低级的自我满足，但这种自我满足并不是幸福。"有价值的目标"，即人类共同的目标实现时，人才能够体验到一种最高层次的满足，这种最高层次的满足才与幸福有关。人类本性能够激发人类共同的欲望，树立人类共同的目标，人们只有为了实现这种欲望和目标而奋斗时，才能享受到真正的幸福。

自由，最大的幸福源泉

一些心理学家强调心流的重要性，他们甚至认为，心流能够决定人是否幸福。事实果真如此吗？心理学家米哈里·契克森米哈赖（Mihaly Csikszentmihalyi）编写的《心流：最优体验心理学》一书中，一位名叫塞拉芬纳的老奶奶说道：

真正的幸福

"我从来不觉得在阿尔卑斯山脚下生活是一件十分轻松的事情。在这里,我需要做的事情很多,为了生存,我每天都要做一些繁重的农活,比如锄草、播种等,而且我还要做一些非常难做的手工活,类似缝补衣服、织毛衣等。但是,现在,我非常自由。我可以做自己想做的任何事情,我的人生由我做主。"[6]

或许,读者们马上就能明白,塞拉芬纳老奶奶之所以幸福,是因为她拥有"自由"。对自由的人而言,心流是自由产生的附加优势。换言之,心流是自由的人能够享受到的附加特权。这表明自由能对幸福产生巨大的影响。那么,自由和幸福之间存在什么关系呢?

成为自己人生的主人

幸福的本质是满足人类本性激发的欲望,即满足人类共同的欲望。人类共同的欲望分为许多种,其中最重要的是对自由的渴望。过去,自由一般用来表示摆脱某种束缚或约束,英语中用"freedom from …"一词表示。这种对自由的解释,与过去人们不得不在各种束缚或约束下生活这一实际情况有关。但是,"自由"这一概念并不仅仅指摆脱某种束缚或约束,还应该包含另一深层含义,即成为自己人生的主人,实现自己的梦想。如果用英语表示，则应该包含"freedom to …"。

总而言之，可以说，对自由的渴望是成为自己人生的主人后，自由自在生活的欲望，其包括"freedom from …"和"freedom to …"。

主流心理学基本上不谈论自由这一概念。心理学概念中，与自由关系最密切的是控制力（或者说当相信自己拥有控制力时，体验到的控制感）。虽然不能说控制力就是自由，但是自由这一概念确实包含控制力。因为，真正自由的人自然能够控制自己的人生。心理学研究表明，人类从婴儿期到成年期的大部分行为都是一种控制欲的体现，人们拥有控制力的时候，能够感到满足。换言之，人们的大部分活动都是为了满足对自由的渴望，当获得自由时，人们能够感到满足和幸福。对于控制力的重要性，心理学家丹尼尔·吉尔伯特（Daniel Gilbert）曾经说过：

"人们怀着对控制的热情来到这个世界，以同样的姿态离开这个世界。研究者们表示，人活着的时候，不管在哪个时期，如果丧失控制力，就会不幸，感到无力，失去希望，变得抑郁。而且，有时会因为这样的理由放弃生命。"[7]

总而言之，控制欲对人来说是极其重要的，如果这种欲望得不到满足，则会引发非常严重的问题。许多心理学研究已经证实，控制力或者主观感觉上的自由（可以说是一种与控制感类似的情感）与幸福成正比。

"无论是儿童还是成人，人们只有在能够自主思考、自主决断、自主选择、掌控自我时，才能够感受到自身的存在感，才能感到舒心和快乐。拥有自主决定权，即拥有主观感觉上的自由，会使人们更幸福、更健康、更有活力。"[8]

自由是主人身份的基本象征。瓦格纳的歌剧《女武神》（*Die Walküre*）中，诸神之王沃登将违抗自己命令的女儿永远关押在被熊熊火焰包围的山上，以示惩戒。他宣称，只有穿越火海的伟大英雄才能够娶走自己的女儿，他甚至将这样的英雄称为"比神更自由的人"。自由，指的是成为自己人生的主人，是主人身份的基本象征。

人们渴望成为自然的主人、社会的主人、自己人生的主人。换言之，人们渴望自由。生而为人，人绝对无法放弃对自由的渴望。如果一个人完全丧失了对自由的渴望，那么他已经不再是人。人类本性激发的欲望中，对自由的渴望是最重要的，因此，只有满足对自由的渴望，人才能够获得幸福。

奴隶没有自由。所以，很久以前，亚里士多德曾经说过："奴隶无法获得幸福。"不管是过去还是现在，奴隶一直是

| 第四篇 |

寻找真正的幸福

不幸的代名词。一旦成为奴隶,就会受到别人的轻视和蔑视,人的尊严和价值也会遭到践踏,而且自己的劳动成果会被剥夺,无法在物质生活中享受到幸福。更为严重的是,奴隶不仅会成为被剥削和压迫的对象,而且本应该成为幸福生活资本的才能和美貌,反而会带来不幸。例如,才能可以说是幸福生活的宝贵资本。但是,一旦成为奴隶,不管自己多么有才能,也不能将其用来为社会和自己谋幸福,只能成为别人赚钱的手段。

健康也是幸福生活的重要条件之一。但是,一旦成为别人的奴隶,健康不仅不会带来幸福,反而会带来不幸。日本殖民统治时期,为了避免卷入战争,许多人选择自残,放弃健康的身体。联想到这些事情,大家应该就能懂得,对奴隶而言,健康反而会带来不幸。

虽然并非人人如此,但是一般来说,年轻人都渴望拥有美丽的容貌。然而,对奴隶而言,美丽的容貌不仅不会带来幸福,反而会招来不幸。如此,被剥夺自由的奴隶绝对不可能获得幸福。

人最重要的欲望是对自由的渴望。这就意味着,人获得的最重要的满足,归根结底是对自由的渴望的满足。在生活中满足对自由的渴望时,即作为生活的主人自由自在地生活时,人才能够获得满足感,而这种满足感会让人产生幸福感。从这一观点来看,可以说,幸福的本质是人们脱离所有的束缚和约束,作为世界和自己人生的主人,享受自由自在的生活。

真正的幸福

自由的基本物质条件

对自由的渴望在不同的条件下有不同的表现方式。人不仅希望成为自然和社会以及自己人生的主人，而且也渴望在物质上和精神上都能够获得自由。如此，对自由的渴望，其内容十分丰富，所以，幸福的内涵也丰富多彩。

人们希望摆脱自然的束缚，成为自然的主人，在物质生活方面享受到自由。例如，人们为了摆脱寒冷的天气，希望生活在有暖气的屋子里。渴望物质生活方面的自由，是渴望自由的一种具体表现。人们改造自然，创造物质财富，作为自然的主人和拥有者享受富裕的物质生活时，这种对自由的渴望才能够得到满足。例如，为了摆脱寒冷的天气，人们不仅要建造铺设暖气的公寓，还要成为这种公寓的住户，住在温暖的房子里。只有这样，人们才能在物质生活方面满足对自由的渴望。从物质欲望的层面来看，幸福指的是，人们作为物质财富的创造者和主人，享受富裕的物质生活。

人们在享受富裕的物质生活时，能够感受到幸福，而缺衣少食的人则很难感受到幸福。为了享受富裕的物质生活，人们需要改造自然，生产大量物质财富。但是，生产大量物质财富，并不意味着所有人都能够享受富裕的物质生活。在资本主义社会中，工人和农民等普通大众是物质财富的创造者，却无法占有或享有物质财富，因此他们无法享受富裕的物质生活，只能

第四篇
寻找真正的幸福

过着衣衫褴褛、忍饥挨饿的生活。

为了享受富裕的物质生活，人们不仅要成为物质财富的创造者，还要成为物质财富的主人。只有成为物质财富的主人，人们才能把物质财富作为自由生活的资本，才能享受到物质方面的幸福生活。

人们在享受富裕的物质生活时，能够感受到幸福。但这绝不意味着，个人骄奢淫逸的生活能够带来幸福。所谓富裕的物质生活，指的是摆脱物质条件束缚的生活，这有助于满足人们对自由的渴望。在资本主义社会中，占社会极少数的统治阶层过着骄奢淫逸的生活，这不仅是一种反社会的生活，会给绝大多数人带来不幸，也是一种遵循动物本能的生活，只热衷于满足个人自私的欲望。如果人们满足于这种反社会的生活而丑态百出，那将是一件十分不幸的事情。

物质欲望基本上是指维持人自然生命的欲望，可以说，对维持人的自然生命而言，物质生活是不可或缺的要素。但是，物质欲望并不仅仅指生物学意义上的欲望。人的物质欲望，指的是摆脱社会的不合理束缚、享受自由生活的欲望，而物质生活是自由生活的一部分。毫无疑问，生活困难的人，无法参加熟人的红白喜事，甚至反感与朋友聚会，这样的人在社会上无法享受到自由的生活。

人们在衣食住行方面产生的物质欲望，并不单纯是生物学意义上的欲望，也是进行正常社会生活的必要条件。因此，物质欲望的实现是获得幸福不可或缺的重要因素。但是,我们要明白,"幸福的生活是物质欲望得到满足的生活"和"物质欲望得到满足的生活就是幸福的生活"完全是两码事。如果想要获得幸福,需要满足物质欲望,这种说法是正确的。但是,物质欲望得到满足,并不代表人就能够获得幸福。

如何成为社会的主人

人们希望摆脱社会的束缚,成为社会的主人,这一欲望维持着人的社会生命,令其绚烂多彩。作为社会性存在,人的社会生命比自然生命更加珍贵。因此,可以说,成为社会的主人这一欲望比物质欲望更加重要。

即使生活艰难,人们也希望能够自由自在地生活,而不是成为富人家的奴仆。我们打个比方,相比于富人家的狗,虽然每天能够吃到肉,却被拴住失去自由,人们更希望成为饥肠辘辘但能够在旷野上尽情奔跑的狼。人只有在社会层面获得自由,才能够在物质层面享受自由的生活。

摆脱人与人之间的剥削和压迫,成为生产资料的主人,这样的生活才是幸福的生活。被帝国主义侵略者剥夺自由的民族,不可能拥有幸福;无法成为生产资料的主人,备受剥削和压迫的人,也不可能拥有幸福。心理学家弗洛姆说过,"在资本主义社会中,绝大多数人都无法成为政权和生产资料的主人,因此,人们不可能获得幸福。"同时,他还表示:

| 第四篇 |
寻找真正的幸福

"大多数人仅仅是为了维持生计这一个目的，把自己的体力或脑力的一部分卖给雇主，为了满足自己作为消费者的贪欲而工作。但在这个过程中，他们得不到任何利益，感受不到任何乐趣。这种情况下，会出现一些不可避免的结果，比如不满足、冷漠、倦怠、丧失快乐和幸福，感到空虚，等等。"9

如果人们想成为自己人生真正的主人，过上自由自在的生活，首先要成为生产资料的主人。但是，在资本主义社会中，极少数的垄断资产阶级掌控着政权和生产资料，他们能够尽情地享受自由（正确来说，这种自由并不是真正的自由），成为社会的主人。但是，其余的人实际上无法获得自由，只能沦为奴隶。

在资本主义社会中，工人常常被称为"工资的奴隶"，这并非空穴来风。生活在当今资本主义社会中，人们很难享受到真正的幸福，最主要的原因就是，人们不是政权和生产资料的主人。因此，如果人们想要享受真正的幸福，就要改革现在的资本主义社会，让绝大多数人成为政权和生产资料的主人。

幸福生活的内涵还包括人们相互尊重、相互关爱。如果人们想要相互尊重、相互关爱，最重要的是，人与人之间应该维持一种平等的关系。如果人与人之间的关系不平等，那就不可能形成自由的人际关系。不平等的关系会引发一些其他情况，如支配、干涉、刁难、虐待、歧视、无视、依存、从属等。如果人与人之间的关系不平等，那么人与人之间的支配、虐待、歧视、无视等就不可能消失。简而言之，人们不仅无法成为社会的主人，甚至在人际关系中也无法享受到最低程度的自由。

使绝大多数人成为政权和生产资料的主人，这是形成平等人际关系的转折点。如果政权和生产资料掌握在绝大多数人手中，而不仅仅是极少数垄断资产阶级的手中，那么，人与人之间就不会存在歧视，社会财富也能得到公平公正的分配。这样，在社会整体层面上，就能形成平等的人际关系。最终，人们会在生活中更加互相尊重、互相关爱。

摆脱病态思想文化的束缚

摆脱病态思想文化的束缚，成为自己的主人，这样的生活才是幸福的生活。作为有意识的社会性存在，人类不仅有物质欲望，也有精神欲望和情感欲望。换言之，人们希望在物质层面和精神层面都获得自由。人们摆脱反人类的、病态的思想文化束缚，享受精神层面的自由生活，这就是幸福。极端主义、憎恶主义、歧视主义、种族主义、个人利己主义等，都是反人类的、病态的思想文化。如果不能摆脱这些思想文化的束缚，人们不可能获得幸福。

如今，病态的资本主义社会犹如温床，为反人类的、病

| 第四篇 |
寻找真正的幸福

态的思想文化提供水和肥料，使其茁壮成长。在资本主义社会中，垄断资本家控制着教育、舆论、文化等领域，他们积极发展、广泛传播能够代表自身利益的思想文化，通过操控大众心理和社会舆论，麻痹人们健全的意识。在韩国，垄断资本家甚至通过冷战时期遗留的《国家保安法》，从源头上压制着思想的自由发展。即使有人说，现在，《国家保安法》对韩国社会几乎不会产生任何影响，但是，《国家保安法》引发的自我审查，已经固化为韩国人的一种心理属性，对现在的韩国社会仍然具有极大的影响。[10]

生活在韩国社会中，人们几乎接触不到健全的思想文化，反而承受着反人类的、病态思想文化的地毯式轰炸。例如，韩国的一些电影和电视剧或露骨或含蓄地美化和歌颂资本主义，这已经令韩国人感到厌烦。但是，韩国人几乎看不到批判资本主义制度的电影和电视剧。

如果一个人成为反人类的、病态思想文化的俘虏，那他的生活并不能称为真正意义上的幸福生活。人们不仅要摆脱反人类的、病态思想文化的束缚，还要具备健全的思想，过着健康的思想文化生活，只有这样，人们才能够体验到真正的幸福。

为深爱的人做点什么

所有人自由，个人才能获得真正的自由。现实中的人并不是好莱坞电影中的超人，单凭个人的力量甚至无法实现最基本的自由。例如，单凭一个人的力量，甚至盖不起一栋房子。人们若想通过改造自然、改革社会，获得真正的自由，必须与他人团结合作。正因为如此，团结合作才能够成为人类生活中的基本活动方式。

真正渴望自由的人，一定会与邻居加强沟通、团结合作，因为，只有这样才能够实现真正的自由。

相反，不渴望真正自由的人，不需要与邻居产生交集。一些人满足于购物和旅行这种个人层面的自由，他们并不想与邻居产生交集。甚至，他们讨厌自己的邻居，认为邻居会侵犯自己的自由。但是，如果与邻居没有任何交集，个人就无法享受到真正的自由。换言之，拒绝与邻居产生交集，拒绝与邻居团结合作，这样的人并不自由。

所有人自由就是个人自由，所有人幸福与个人幸福紧密相连。了解这一事实的人们，会为了所有人的自由和幸福奋斗，而不是仅仅局限于追求个人的自由和幸福。换言之，为了自己而活，并不能获得真正的幸福，只有为了所有人而活，才能获得真正的幸福。很久以前，哲学家阿兰（Alain）在《论幸福》一书中感叹道："为深爱我们的人们做点什么，这才是通往幸福的真正道路，但是关于这一点，我们却从来没有详细讨论过。"[11] 阿尔贝特·史怀哲（Albert Schweitzer）也曾说过，"为了别人的幸福而活吧！这样，你也会获得幸福的。"[12]

| 第四篇 |

寻找真正的幸福

　　为了获得幸福，人们不能仅仅局限于追求个人的利益，而是要为了所有人的利益而努力。这并不单纯是一种道德责任，也是一个客观事实。幸福的人之所以幸福，是因为他们在为他人和社会奉献的过程中感受到了幸福。丹麦一位律师热衷于参加工会运动，有人对此感到奇怪，于是问他参加工会运动的理由："作为律师，您应该对自己的社会地位和收入感到相当满意，为什么还热衷于参加工会运动呢？"律师回答道："我想让世界变得更加美好。"[13]如果从自由和幸福的角度来解释律师的回答，可以说，人们为所有人的自由、为社会做出贡献时，才能够获得真正的幸福。

　　我们在前面提到过，北欧国家的个人所得税非常高，但是纳税不仅没有使北欧人感到委屈，反而使他们感到更加幸福。他们说："我们缴纳的税金能够让不富裕的人摆脱贫困的生活，社会整体稳定，看到这些，我们就会感到很幸福。"[14]所有人自由，自己才能够自由，懂得这个道理，人们便会有意识地与邻里沟通，团结起来为实现所有人的自由而奋斗。这样的生活是幸福取之不尽、用之不竭的源泉。同样，明白自己与集体、与社会相互联系，并为了维持这种联系而努力，这样的生活同样是幸福最大的源泉。如此，人们对自由的渴望得到满足，享受自由自在的生活时，才能够获得幸福。

　　人类的共同欲望种类广泛，除了对自由的渴望，还包括对爱的渴望、对尊重的渴望等。在这里，虽然我们只讨论了其中最重要的一种,即人对自由的渴望,但是,各种人类的共同欲望都得到满足时,人才能够享受到真正的幸福。

创造性活动的作用

实现人类的共同目标、满足人类的共同欲望,这并非意味着人就一定能够获得幸福。幸福还受创造性活动的影响。人们对自由的渴望只能在创造性的活动中才能够实现。

例如,制作衣服或修盖房屋等创造性活动,能够使人摆脱寒冷的束缚,实现对自由的渴望;废除恶法、制定新法等创造性活动,能够使人摆脱恶法的制约,实现对自由的渴望。这意味着,实现对自由的渴望,其本身就包含着创造性活动。

渴望自由是人类最大的欲望,创造性生活有助于满足人们对自由的渴望。因此,创造性生活也是幸福的生活。创造性的生活和自由的生活共同组成了幸福生活的重要部分。

游手好闲不可能幸福

所谓创造性的生活,指的是征服自然、改造社会的人类活动。幸福存在于创造性的生活,即存在于改造自然和社会的创造性活动。人们只有通过创造性的活动,才能摆脱各种束缚和

| 第四篇 |

寻找真正的幸福

不幸，享受自由的生活。人们在改造自然的创造性活动中，即在劳动中，为幸福的生活创造物质财富；在营造社会环境的创造性活动中，为幸福的生活创造社会条件。因此，追求真正幸福的人，在劳动中寻找幸福，在改革社会的道路上，感受幸福。人之所以能够在创造性活动中感受到幸福，主要有两个原因。

第一，创造性活动是一种充满意义的活动，能够创造幸福的生活。从本质上来说，人类所有活动的目标，都是为了实现人类最重要的共同欲望——自由。这意味着，人类活动的目标就是创造自由的生活，即创造真正的幸福。因此，人们在自己的创造性活动中，展望幸福的未来；在自己创造幸福的活动中，感受到幸福。

第二，创造性活动本身符合人类本性。人具有创造力，人在发明创造时，能够发现自己的价值，获得幸福。自己的汗水结成的劳动果实、付出心血创造的作品，都能够让人感到快乐，这种快乐是一种作为创造者的快乐。因此，即使自己种的苹果比不上超市里卖的苹果，但人们依然更加重视自己种的苹果，并从中感受到更多的快乐。游手好闲的生活并不能称为幸福的生活，即使住在豪宅大院、吃着山珍海味，也不例外。进行创造性活动是遵循人类本性的生存方式，不进行任何创造性活动的人，实际上跟死人并无差别。对死人而言，何谈幸福？在资本主义社会中，劳动的目的不是为了奉献社会，而是为了赚钱不得已而为之的苦差事；劳动沦为填饱肚子的无用功，因此大部分人无法通过劳动感受到创造性活动的快乐。但是，劳动本身并不仅仅是一种生存手段，而是幸福生活的必备要素之一。

人们无法进行创造性活动时，体验到的感觉就是典型的倦怠感。倦怠感是一种十分难以承受的负面情感，倦怠感加剧，可能会让人产生自杀的念头。心理学家弗洛姆说过："倘若有地狱，很明显地狱就是一个令人倍感倦怠的地方。"简而言之，对人类而言，倦怠感是一种十分痛苦的感觉。无法进行创造性活动的人，会因为倦怠感而承受痛苦。轻微的快乐或刺激，并不能令人摆脱倦怠感。若想摆脱倦怠感，人们需要进行创造性活动，实现人类共同的目标。不进行创造性活动，人们必然会感到倦怠、思想停滞、毫无价值、丧失生活意义等，正常的生活也会受到影响。由此可知，不进行创造性活动，人不可能获得幸福。

获得幸福需要具备的能力

自由，并不是人们下定决心，就能够享受到的东西。只有具备获得自由的能力，人们才能够享受到自由。这意味着，发挥创造能力是获得幸福的前提。创造性活动是创造能力的体现。因此，若想进行创造性活动，必须锻炼创造能力。

例如，只有拥有健全的思想、丰富的学识、技术、能力和体力等，人们才能够进行创造性活动。若想提高创造能力，必

| 第四篇 |
寻找真正的幸福

须具备健全的思想和丰富的学识,并不断提高自身技术和能力水平。思想落后的人,无法充分利用难得的空闲时间,只会随意浪费时间;知识储备不足的人,即使干劲十足,也只能从事生产效率低下的工作。健康的身心是创造能力必备的前提条件。如果身体或心理出现问题,不仅无法提高创造能力,甚至无法充分利用已有的能力。此外,创造能力还涉及技术和技能等许多方面。

在《关于幸福的十个哲学反思》一书中,哲学家范登博斯得出一个结论:"人若想获得幸福,就要不断进行自我开发。"[15] 同时,他还强调,"不要沉迷于一时的满足,要超越当前的状态,提升自己,使自己强大,努力使自己接近人类的理想状态。"[16] 也就是说,若想获得幸福,一定要培养创造能力。

社会影响着人们创造能力的发展程度。生活在反人类的、病态的思想文化支配的社会中,人们难以提高创造能力,也很难享受到幸福。

对此,范登博斯还说:"若想文化和教育能够开花结果,需要具备各种政治经济条件,如和平、繁荣、秩序等。由此看来,脱离政治条件,就无法考虑个人幸福实现的可能性。"[17]

健全的思想文化是拥有创造能力的必备条件之一。在健康的社会中,人们才能拥有健全的思想文化,才能充分提高创造能力,并以此为基础,从事创造性活动,过上幸福的生活。缺乏创造能力的人,在为社会和自己谋求幸福的过程中,无法进行创造性活动，无法取得任何成果，从而无法安心地享受幸福。

┊寄生虫的生活，并不幸福

人在创造性的生活和活动中，能够感受到生活的成就感。韩国《国语词典》中，对成就感的定义是"做完某件事情之后，产生的好结果或获得的满足感"或者是"让人感到自豪的工作价值"。成就感这一概念，与光明正大地做事或者从事有价值的活动有关。如果自己的创造性活动能够创造自由的生活，即能够创造有尊严的生活，人们就能够感受到成就感。如果说自由的生活是生活的基本目标，那么创造性活动就是实现这一目标的手段。因此，对生活的成就感可以做如下解释："若想实现人类共同的目标，需要借助一定的手段，这种手段会产生一定的价值，这种价值带来的自豪感就是成就感。"

生活的成就感作为幸福的重要因素，是幸福的一部分，但是，这并不是说，生活的成就感就是幸福。如果说，幸福这一概念基本上指的是各种各样的人类欲望得到满足，那么成就感这一概念表现的就是生活的社会意义。丹麦一家餐厅的某个员工说他的儿子是一个锁匠，对此，他表示："我从来没有盼望他能成为法官、检察官、律师或者教授。锁匠是对社会多么重要、多么有价值的一个职业啊！"[18] 因为他认为儿子的工作对社会有贡献，所以他并不因儿子的工作而感到羞愧，反而感到很自豪。简单来说，因为觉得锁匠能够对社会

第四篇
寻找真正的幸福

做出贡献,所以他感到很自豪。该员工说,他和儿子都觉得很幸福,其中一部分原因就是,他们认为作为锁匠能够感受到成就感。从这件事情中,我们可以了解到,有成就感的生活,指的是对社会和集体有贡献,进而对社会的进步和历史的发展有贡献的生活。创造性活动能够使人们感受到生活的成就感,从而带给人们幸福。

韩国社会中,有些人向往吃喝玩乐的生活,误认为这就是幸福。"年轻的时候发大财,一辈子吃喝玩乐,那可真幸福。"怀有这种想法的人不在少数。但是,喜欢吃喝玩乐的心理原本是剥削阶级的专属心理。剥削阶级依靠剥削他人生活,这种阶级本性,让他们对吃喝玩乐感到非常自豪,认为吃喝玩乐就是幸福。以前的奴隶主、地主以及现在的资本家认为,以钱生钱、不劳而获非常光荣,劳动却非常丢人。相反,自古以来,人民大众就非常重视劳动,认为劳动能够带来幸福。许多国家都有关于劳动的谚语,比如,韩国的"工作如爱情一般幸福",德国的"劳动是幸福之父",英国的"劳动是盐,让人生充满滋味",等等。这些谚语反映了人民大众的健康心理,认为劳动非常珍贵,应该在劳动中寻找快乐和幸福。

但是,为什么不仅剥削者认为吃喝玩乐是幸福,甚至一些劳动者也认为吃喝玩乐就是幸福呢?当然,在剥削社会中,劳动者不可能过上吃喝玩乐的生活。但是,在资本主义社会中,人们过得是否幸福并不取决于他们在生产社会财富时付出的汗水，因为他们创造物质财富的高贵劳动被轻视了。在这种情况下，劳动者的心理也会被剥削阶级的想法污染，认为吃喝玩乐就是幸福，继而开始向往这种生活。事实上，无论是过去还是现在，当算命先生看完手相和面相，对来算命的人说他有富贵命的时候，即使并非完全相信，但大部分人仍然对此感到非常开心。

在剥削社会中，劳动者无法过上吃喝玩乐的生活。即使能够过上这样的生活，也会因为这种生活并非自由健全的物质生活，而无法获得幸福。吃喝玩乐的生活实际上是依靠别人而活，这只不过是一种寄生虫式的生活。手脚健全，却趴在别人的背上敲诈勒索别人，这样的生活不是幸福的生活。趴在别人背上生活，不仅在物质生活方面得不到幸福，甚至在社会上也无法维持自己作为人的尊严。因为，正如一个国家如果在经济上不能独立，就会不可避免地听命于其他国家一样，如果个人无法依靠自己的力量生活，不仅在物质生活方面，而且在其他方面也不可能获得自由。

我再强调一遍，人会遵循本性进行创造性活动，并从中获得快乐和成就感。从这一点来看，人必须进行创造性活动。因此，在吃喝玩乐的生活中，人无法感受到幸福。吃喝玩乐的生活、没有创造性活动的生活、非生产性的倦怠的生活都违背人类本性，这样的生活不可能产生幸福。

第四篇
寻找真正的幸福

┊ 正念，主动脱离社会

有尊严地活着，人才能够获得幸福。幸福的生活既指自由的、充满创意的生活，也指令人满意的、充满成就感的生活。人们通过自己的努力，在实现人类共同目标的生活中得到满足，在对社会贡献的创造性生活中获得成就感。在幸福中，满足和成就感密不可分。

仅仅通过享受个人层面的满足，人并不能体验到幸福。对社会或他人漠不关心，只求自己过得安宁稳定，或者认为无忧无虑的生活就是幸福，这是一种非常错误的认识。一天之内，意外事故造成 6 名工人死亡；一天之内，自杀导致身边数十条生命离世，在这种情况下，我却过着无忧无虑的生活，通过冥想或者正念享受内心的安宁。这样的生活，只是主动脱离社会，并不是幸福。

有些人认为，对社会、集体以及他人的命运漠不关心，只考虑自己就是幸福。这种认为个人的安稳就是幸福的观点只不过是一种荒唐的诡辩。如果说没有任何牵挂或担心就是幸福，那么，应该说没有意识的小石子也拥有幸福，死去的人才是最幸福的。在为了自己的幸福、为了虚假的幸福奋斗的生活中以及脱离现实的主观心理中，并没有幸福。只有在为了所有人的幸福、为了真正的幸福而奋斗的生活，以及真真正正的现实生活中，人们才能够发现幸福。

后　　记

实现真正幸福的方法

　　幸福，是在实现人类共同目标的过程中感受到的成就感和满足感。所谓人类共同的目标，指的是符合人类本性的欲望激发的目标。人真正的生活，指的是为了实现人类的共同目标而奋斗的生活，在这样的生活过程中，人能够感受到成就感和满足感。这正是幸福的本质。

　　社会环境能够对幸福产生极大的影响。人们若想享受到真正的幸福，首先，需要社会创造实现幸福的客观条件。因此，若想获得幸福，必须建设所有人都能够获得幸福的社会。

　　主客观条件也会对幸福产生影响。人们若想享受幸福，需要具备健康的思想文化、提高创造能力、过着开心的个人生活。因此，人们若想获得幸福，需要不断努力，去寻求幸福的主客观条件。

如果有人认为，不需要真正的幸福，点滴的幸福就可以让自己满足，或者只要比别人更幸福就可以，那么这样的人可以遵循主流心理学的幸福处方：每月大约赚 430 万韩元，尽可能与家人和朋友和睦相处，加入一个和谐的小集体并选择一份令自己开心的工作，定期捐款或者参加志愿活动，通过正念或心理咨询维持心理健康，乐观地对待生活中发生的事情，……

如果忠实地遵循心理学的幸福处方，一些运气比较好的人可能会稍微提高自己的幸福水平。但是，即使百分之百遵循这个处方，他们也不可能享受到真正的幸福。若想获得真正的幸福，一定不要忽视下面这些建议。

树立正确的人生目标，并为之奋斗

一些专家主张，幸福离我们很近，或者人人可以轻松享受到幸福。但是，他们说的"幸福"只是单纯的快感或满足感，并不是真正的幸福。真正的幸福并非人人可以轻易享受。若想享受到真正的幸福，人们需要有坚定的决心，并付出刻苦的努力。

树立正确的人生目标并非易事。人生目标取决于世界观和人

后　记

生观。若想树立正确的世界观和人生观，需要对世界和人性有一个正确的认识。确立正确的世界观和人生观，并将其作为人生的信念，人们才能够树立正确的人生目标，并为之奋斗。只有这样，人们才能够发现人生的目标、意义和价值，从而走向幸福。

为了树立正确的人生目标，人们需要持有正确的世界观和人生观。但是，这并不是说，没有丰富的学识就无法树立正确的人生目标。回顾人类历史，我们会发现有许多像全泰壹[①]烈士一样的人物。他们虽然识字不多，但树立了正确的人生目标，并为之奋斗终生。他们身上有一个重要的共同点，即他们都认为人与动物不同，相比于实现个人的利益，他们更看重为社会做出贡献。

虽然缺乏系统的学习，但是通过日常的生活经验，一些人也能够获得卓越的直观感觉和洞察能力，从而领悟到上述两种真理。这样的人便能树立正确的人生目标，向着真正的幸福前进。因此，我想说，为了获得幸福，至少大家要能够正确回答下面的问题：

"人只是一种动物，还是一种社会性的存在？"
"个人利益和社会利益，哪个更重要？"
"什么样的社会能够带给人们幸福？"

[①] 1948—1970 年，韩国劳工运动家。——编者注

若能够找到上述 3 个问题的正确答案，人就可以树立正确的人生目标。当然，最好的状态是，树立正确的世界观、人生观和人生目标。为此，我们需要不断学习有益的哲学知识。

参加创造性活动

正确的人生目标不会自动实现，人们只有通过创造性活动才能够实现正确的人生目标。

在资本主义社会中，劳动或职业活动很难作为创造性活动来帮人们实现正确的生活目标。换言之，人们很难在劳动和工作中获得幸福。当然，在资本主义社会中，可能会有一些社会团体或企业以奉献社会为宗旨，人们也有可能从事一些对社会有益的工作。但是，在资本主义社会中，大多数人为了赚钱而工作，无法通过劳动或工作体验到创造性活动带来的幸福。在资本主义社会中，营造良好的社会环境是最高水平的创造性活动。因此，生活在资本主义社会中，人们若想获得幸福，需要对社会进行改革。

如果想进行社会改革，必须具备实现这一目标的创造能力。换言之，若想改革社会，必须了解进步思想、进步理论和先进知识，并具备一定的能力将其向人们广泛传播。此外，要具备联合、团结、组织别人的能力，具备与他人齐心协力为了达成长短期目标而顽强奋斗的能力。

营造良好的社会环境

幸福，本质上是指人类本性产生的欲望得到满足后获得的一种感觉。但并非在所有的社会制度下，人都能够产生这种感觉。如果说，幸福与社会制度无关，完全取决于个人的心态或行动，那就无法评价某种社会制度的好坏。因为在不同的社会制度下，人可能获得幸福，也可能享受不到幸福。由此，我们才可以评价某种社会制度的好坏。尽管如此，当今的幸福论和主流心理学却主张幸福基本上取决于个人，进而歪曲事实，阻碍社会变革。

当然，幸福也包括个人层面的幸福或主观层面的幸福。在资本主义社会中，即使仅仅拥有个人层面的幸福，人也可以生活得很快乐。经济学家亚当·斯密（Adam Smith）曾说，他有三种幸福，母亲、朋友和读书。他在单身母亲的抚养下长大，终生未婚，一生致力于学术钻研。在残酷的资本主义社会中，孤儿是各种不幸的代名词，但是对斯密而言，有一位温柔和蔼的母亲也可以说是一种幸福。不单单是拥有深爱自己的父母，对所有人而言，能够遇到一生同甘共苦的朋友，也是一种幸福。如此，个人可能拥有优秀的父母，也可能拥有真正的朋友。在弱肉强食法则支配的资本主义社会中，这也是一种幸福。但是，这种幸福有明显的局限性。简单来说，在资本主义社会中，可能只能实现微小的幸福，但不可能实现真正的幸福；即使少数人能够获得幸福，也不可能大多数人都获得幸福。因此，若想享受真正的幸福，一定要进行社会改革。

在资本主义社会中，原则上来说，正确的人生目标应该是追求集体或社会的幸福，而不是追求个人的幸福。但是，资本主义社会中的大部分人不关心集体的幸福，只追求个人的幸福，这本质上也与社会制度有关。由于社会制度的不同，集体幸福与个人幸福可能一致，也可能不一致。

在资本主义社会中，政权和生产资料掌握在少数资本家手中，生产资料成为资本家的附属物。在这样的社会中，全社会的幸福和个人的幸福不可能一致。因为，社会利益和个人利益相互冲突，人与人之间的利益也相互冲突。资本家和工人之间的利益冲突自不必说，资本家之间，甚至普通人之间的利益也相互冲突。如此，在人与人之间利益相互冲突的条件下，一个人的幸福必然会造成其他人的不幸。

因此，在资本主义社会中，人们很少关心他人的处境，只追求各自的幸福，这样就会引发更加激烈的生存竞争。但是，在这种激烈的生存竞争中，牺牲者往往是那些生活困难、无权无势的人。因为,在资本主义社会中,权力和金钱决定一切。总而言之,在资本主义社会中,追求全社会或集体的幸福是一件非常困难的事情。

尽管资本主义社会逼迫人们一味地追求个人幸福,忽视社会幸福,但是,这并非意味着,在资本主义社会中,一味地追求个人幸福是正确的或理所当然的。因为,个人幸福并不是真正的幸福,一味地追求个人幸福不仅不会获得幸福,反而更有可能变得不幸福。

在资本主义社会中,人们也可以为了全社会的幸福而努力。那就是通过持续不懈的斗争,把资本主义制度变革为社会主义制度,进而消除社会利益与个人利益之间的对立和冲突。换言之,就是通过坚持不懈的斗争,创造一个更好的世界,让所有人都获得幸福。当然,在今天的资本主义社会中,为改变社会制度而斗争是一件十分危险且困难的事情。

但是,放任或顺应造成人们不幸的病态社会,则更加危险。不起身反抗职场欺凌,反而默默承受,人的精神状况会越来越差,最终会精神崩溃。即便如此,一些人仍然安心于能够一直工作,满足于享受安逸的物质生活,但这些人真的能够活出自己的尊严,能够获得幸福吗?在资本主义社会中,只有为了改变社会而奋斗的人,才能过上自由的创造性生活,才能够在生活中感受到成就感和满足感。换言之,只有这样的人才能够获得真正的幸福。

真正的幸福

2015年,韩国对1 000名成年人进行了一项问卷调查,问卷中有一个问题是"你认为子女今后生活的社会比现在的社会更幸福吗",一半以上(53%)的受访者回答"不"[1]。可能现在这个比率更高。现在,大多数韩国人预测,未来的韩国会比现在更加不幸。简而言之,人们渐渐失去了对社会变革的希望和获得幸福的希望。

在结束有关幸福的讨论时,我想再提两点。

第一,相比于享受已经获得的幸福,我们要更加珍惜追求幸福的过程。幸福并不是在某个瞬间握在手里的东西,幸福存在于为追求它而奋斗的过程中。因此,当我们懂得,幸福不是一个终点,而是一个过程时,我们会更加接近幸福。

第二,如果想走向真正的幸福,要果断地抛弃主流心理学和各种幸福学散布的虚假幸福论。一直以来,荒诞无稽的幸福论和虚假幸福论,并没有改变不幸的现实,也没能带给人们幸福。现在,我们需要果断地抛弃它们,向着真实的幸福、真正的幸福前进。

尾　　注

第一篇　幸福热

1. 마이크 비킹, 이종인 옮김,《그들은 왜 더 행복할까》, 마일스톤, 2018, 34 쪽.
2. 정동섭,《행복의 심리학》, 학지사, 2016, 19 쪽.
3. 윌리엄 데이비스, 황성원 옮김,《행복산업》, 동녘, 2015, 9 쪽.
4. 대니얼 네틀, 김상우 옮김,《행복의 심리학》, 와이즈북, 2006, 63 쪽.
5. 이정전,《우리는 행복한가》, 한길사, 2008, 37 쪽.
6. 정동섭, 앞의 책, 146 쪽.
7. 게오르크 쉴트함머, 최성욱 옮김,《행복 Gluck》, 이론과실천, 2014, 134 쪽.
8. 정동섭, 앞의 책, 59 쪽.
9. 서울대학교 행복연구센터,《대한민국 행복지도 2020》, 21 세기북스, 2020, 183 쪽.
10. 정동섭, 앞의 책, 60 쪽.
11. 같은 책, 88 쪽.

12. 존 헬리웰 외 2명, 우성대 외 3명 옮김, 《UN 세계 행복보고서 2019》, 간디서원, 2019, 8쪽.
13. 데일리메디, "우울증 진료비 1조 6888억…코로나 블루도 급증", 2020, https://www.dailymedi.com/detail.php?number=861643&thread=22r02.
14. 이정전, 앞의 책, 281쪽.
15. 이 주제에 대해서는 《풍요중독사회》(김태형, 한겨레출판, 2020)를 참고하라.
16. 윌리엄 데이비스, 황성원 옮김, 앞의 책, 124쪽.
17. 같은 책, 123쪽.
18. 이 주제에 관심이 있는 독자들은 《풍요중독사회》(김태형, 앞의 책, 2020)를 참고하라.
19. James B. Allen, 김정호 외 5명 옮김, 《행복심리학》, 시그마프레스, 2019, 187쪽.
20. 서은국, 《행복의 기원》, 21세기북스, 2014, 170쪽.
21. 정동섭, 앞의 책, 61쪽.
22. 같은 책, 92쪽.
23. 전병주, 《행복한 나라에서 살면 나도 행복할까?》, 앤의서재, 2020, 206쪽.
24. 같은 책, 204~205쪽.
25. 오연호, 《우리도 행복할 수 있을까》, 오마이북, 2014, 93쪽.
26. 미셸 포쉐, 조재룡 옮김, 《행복의 역사》, 이숲, 2020, 82쪽.
27. 같은 책, 127쪽.
28. 게오르크 쉴트함머, 최성욱 옮김, 앞의 책, 98쪽.
29. 미셸 포쉐, 조재룡 옮김, 앞의 책, 131쪽.
30. 같은 책, 162쪽.
31. 게오르크 쉴트함머, 최성욱 옮김, 앞의 책, 114쪽.

32. 미셸 포쉐, 조재룡 옮김, 앞의 책, 219쪽.

33. 같은 책, 199쪽.

34. 같은 책, 259쪽.

35. 이정전, 앞의 책, 24쪽.

36. 같은 책, 24쪽.

37. 같은 책, 54쪽.

38. 같은 책, 25쪽.

39. 같은 책, 43쪽.

40. 양곤성, 《십 대를 위한 행복 찾기 심리 실험실》, 팜파스, 2019, 23쪽.

41. 같은 책, 24쪽.

42. 정동섭, 앞의 책, 210쪽.

43. 마이크 비킹, 이종인 옮김, 앞의 책, 187쪽.

44. 톰 래스·짐 하터, 유영만 옮김, 《무엇이 우리를 행복하게 하는가》, 위너스북, 2014, 105쪽.

45. James B. Allen, 김정호 외 5명 옮김, 앞의 책, 207쪽.

46. 같은 책, 212쪽.

47. 같은 책, 190쪽.

48. 톰 래스·짐 하터, 유영만 옮김, 앞의 책, 15쪽.

49. 오연호, 앞의 책, 36쪽.

50. 대니얼 네틀, 김상우 옮김, 앞의 책, 114쪽.

51. 같은 책, 113쪽.

52. 같은 책, 111쪽.

53. 톰 래스·짐 하터, 유영만 옮김, 앞의 책, 105쪽.

54. 이정전, 앞의 책, 160쪽.

55. 톰 래스·짐 하터, 유영만 옮김, 앞의 책, 128쪽.

56. James B. Allen, 김정호 외 5명 옮김, 앞의 책, 238쪽.

57. 같은 책, 239쪽.

58. 같은 책, 248쪽.
59. 같은 책, 247쪽.
60. 같은 책, 247쪽.

第二篇　伪幸福処方

1. 에리히 프롬, 호연심리센터 엮음,《정신분석과 듣기 예술》, 범우사, 2000, 95쪽.
2. 정동섭,《행복의 심리학》, 학지사, 2016, 19쪽.
3. 존 헬리웰 외 2명, 우성대 외 3명 옮김,《UN 세계 행복보고서 2019》, 간디서원, 2019, 38쪽.
4. 필립 반 덴 보슈, 김동윤 옮김,《행복에 관한 10가지 철학적 성찰》, 자작나무, 1999, 180쪽.
5. 이정전,《우리는 행복한가》, 한길사, 2008, 98쪽.
6. 서은국,《행복의 기원》, 21세기북스, 2014, 42쪽.
7. 같은 책, 76쪽.
8. 마이크 비킹, 이종인 옮김,《그들은 왜 더 행복할까》, 마일스톤, 2018, 58쪽.
9. 서은국, 앞의 책, 192쪽.
10. 탁석산,《행복 스트레스》, 창비, 2013, 52쪽.
11. 필립 반 덴 보슈, 김동윤 옮김, 앞의 책, 56쪽.
12. 같은 책, 21쪽.
13. 정동섭, 앞의 책, 30쪽.
14. 김선욱,《행복의 철학》, 길, 2011, 33쪽.
15. 같은 책, 269쪽.
16. 에리히 프롬, 고영복·이철범 옮김,《소유냐 삶이냐 / 사랑한다는 것》, 동서문화동판(동서문화사), 2008, 118쪽.

17. 임정환, 《행복으로 보는 서양철학》, 씨아이알, 2017, 99쪽.
18. 서울대학교 행복연구센터, 《대한민국 행복지도 2020》, 21세기북스, 2020, 16쪽.
19. James B. Allen, 김정호 외 5명 옮김, 《행복심리학》, 시그마프레스, 2019, 395쪽.
20. 같은 책, 397쪽.
21. 같은 책, 397쪽.
22. 에리히 프롬, 고영복·이철범 옮김, 앞의 책, 17쪽.
23. 에리히 프롬, 김병익 옮김, 《건전한 사회》, 범우사, 2001, 32쪽.
24. 이 주제에 관심이 있는 독자들은 《싸우는 심리학》(김태형, 서해문집, 2013)을 참고하라.
25. 마이크 비킹, 이종인 옮김, 앞의 책, 56쪽.
26. James B. Allen, 김정호 외 5명 옮김, 앞의 책, 90쪽.
27. 같은 책, 44쪽.
28. 김아리 엮음, 《올 어바웃 해피니스》, 김영사, 2019, 58~59쪽.
29. 서은국, 앞의 책, 134쪽.
30. 같은 책, 98쪽.
31. 정동섭, 앞의 책, 56쪽.
32. 같은 책, 109쪽.
33. 존 헬리웰 외 2명, 우성대 외 3명 옮김, 앞의 책, 49쪽.
34. 같은 책, 63쪽.
35. 오연호, 《우리도 행복할 수 있을까》, 오마이북, 2014, 94쪽.
36. James B. Allen, 김정호 외 5명 옮김, 앞의 책, 70쪽.
37. 같은 책, 76쪽.
38. 같은 책, 224쪽.
39. 같은 책, 226쪽.
40. 이정전, 앞의 책, 94쪽.
41. James B. Allen, 김정호 외 5명 옮김, 앞의 책, 82쪽.

真正的幸福

42. 서울대학교 행복연구센터, 앞의 책, 16 쪽.
43. 김아리 엮음, 앞의 책, 51 쪽.
44. James B. Allen, 김정호 외 5 명 옮김, 앞의 책, 15 쪽.
45. 대니얼 네틀, 김상우 옮김, 《행복의 심리학》, 와이즈북, 2006, 72 쪽.
46. 같은 책, 73 쪽.
47. 김선욱, 앞의 책, 7 쪽.
48. James B. Allen, 김정호 외 5 명 옮김, 앞의 책, 5 쪽.
49. 미셸 포쉐, 조재룡 옮김, 《행복의 역사》, 이숲, 2020, 9 쪽.
50. 윌리엄 데이비스, 황성원 옮김, 《행복산업》, 동녘, 2015, 133 쪽.
51. 대니얼 네틀, 김상우 옮김, 앞의 책, 133 쪽.
52. James B. Allen, 김정호 외 5 명 옮김, 앞의 책, 7 쪽.
53. 윌리엄 데이비스, 황성원 옮김, 앞의 책, 133 쪽.
54. 같은 책, 164 쪽.
55. 탁석산, 앞의 책, 78 쪽.
56. 이민규, 《행복도 선택이다》, 더난출판, 2012, 7 쪽.
57. 필립 반 덴 보슈, 김동윤 옮김, 앞의 책, 194 쪽.
58. 김선욱, 앞의 책, 25~26 쪽.
59. 이민규, 앞의 책, 9 쪽.
60. 같은 책, 111 쪽.
61. 정동섭, 앞의 책, 111 쪽.
62. 같은 책, 314 쪽.
63. 서은국, 앞의 책, 171 쪽.
64. 김아리 엮음, 앞의 책, 66 쪽.
65. 윌리엄 데이비스, 황성원 옮김, 앞의 책, 46 쪽.
66. 로널드 W. 드워킨, 박한선·이수인 옮김, 《행복의 역습》, 아로파, 2014, 16 쪽.
67. 같은 책, 17 쪽.

68. 탁석산, 앞의 책, 22쪽.
69. 정동섭, 앞의 책, 219쪽.
70. 이민규, 앞의 책, 9쪽.
71. 같은 책, 114쪽.
72. 대니얼 네틀, 김상우 옮김, 앞의 책, 163쪽.
73. 로널드 W. 드워킨, 박한선·이수인 옮김, 앞의 책, 326쪽.
74. 전병주, 《행복한 나라에서 살면 나도 행복할까?》, 앤의서재, 2020, 7쪽.
75. 미셸 포쉐, 조재룡 옮김, 앞의 책, 155쪽.
76. 같은 책, 156쪽.
77. 오연호, 앞의 책, 39쪽.
78. 톰 래스·짐 하터, 유영만 옮김, 《무엇이 우리를 행복하게 하는가》, 위너스북, 2014, 9쪽.
79. 같은 책, 27쪽.
80. 전병주, 앞의 책, 43쪽.
81. 톰 래스·짐 하터, 유영만 옮김, 앞의 책, 185쪽.
82. 윌리엄 데이비스, 황성원 옮김, 앞의 책, 11쪽.
83. 이 주제에 대해서는 《풍요중독사회》(김태형, 2020, 한겨레출판)를 참고하라.
84. 이정전, 앞의 책, 214쪽.
85. 윌리엄 데이비스, 황성원 옮김, 앞의 책, 310쪽.
86. 탁석산, 앞의 책, 8쪽.
87. James B. Allen, 김정호 외 5명 옮김, 앞의 책, 9쪽.
88. 같은 책, 6쪽.
89. 같은 책, 60쪽.
90. 같은 책, 90쪽.
91. 같은 책, 6쪽.
92. 윌리엄 데이비스, 황성원 옮김, 앞의 책, 286쪽.

93. 오연호, 앞의 책, 303 쪽.
94. 탁석산, 앞의 책, 29 쪽.
95. James B. Allen, 김정호 외 5 명 옮김, 앞의 책, 250 쪽.
96. 같은 책, 249 쪽.
97. 같은 책, 255 쪽.
98. 같은 책, 255 쪽.
99. 같은 책, 255 쪽.

第三篇　创造真正幸福的社会

1. 오연호,《우리도 행복할 수 있을까》, 오마이북, 2014, 15 쪽.
2. 같은 책, 204 쪽.
3. 마이크 비킹, 이종인 옮김,《그들은 왜 더 행복할까》, 마일스톤, 2018, 173 쪽.
4. 정동섭,《행복의 심리학》, 학지사, 2016, 76 쪽.
5. 톰 래스·짐 하터, 유영만 옮김,《무엇이 우리를 행복하게 하는가》, 위너스북, 2014, 41 쪽.
6. James B. Allen, 김정호 외 5 명 옮김,《행복심리학》, 시그마프레스, 2019, 295 쪽.
7. 같은 책, 133 쪽.
8. 톰 래스·짐 하터, 유영만 옮김, 앞의 책, 87 쪽.
9. 오연호, 앞의 책, 72 쪽.
10. 같은 책, 91 쪽.
11. 톰 래스·짐 하터, 유영만 옮김, 앞의 책, 59 쪽.
12. James B. Allen, 김정호 외 5 명 옮김, 앞의 책, 393 쪽.
13. 존 헬리웰 외 2 명, 우성대 외 3 명 옮김,《UN 세계 행복보고서 2019》, 간디서원, 2019, 183 쪽.
14. 톰 래스·짐 하터, 유영만 옮김, 앞의 책, 150 쪽.

15. 김아리 엮음,《올 어바웃 해피니스》, 김영사, 2019, 252 쪽.
16. 같은 책, 251 쪽.
17. 조지 베일런트, 이덕남 옮김,《행복의 조건》, 프런티어, 2010, 18 쪽.
18. 김아리 엮음, 앞의 책, 250 쪽.
19. 정동섭, 앞의 책, 258 쪽.
20. 이정전,《우리는 행복한가》, 한길사, 2008, 200 쪽.
21. 같은 책, 206 쪽.
22. 조지 베일런트, 이덕남 옮김, 앞의 책, 152 쪽.
23. 김아리 엮음, 앞의 책, 136 쪽.
24. James B. Allen, 김정호 외 5 명 옮김, 앞의 책, 208 쪽.
25. 같은 책, 300 쪽.
26. 같은 책, 167 쪽.
27. 탁석산,《행복 스트레스》, 창비, 2013, 239 쪽.
28. 니컬러스 크리스태키스 · 제임스 파울러, 이충호 옮김,《행복은 전염된다》, 김영사, 2010, 88 쪽.
29. 톰 래스 · 짐 하터, 유영만 옮김, 앞의 책, 79 쪽.
30. 니컬러스 크리스태키스 · 제임스 파울러, 이충호 옮김, 앞의 책, 89 쪽.
31. 같은 책, 91 쪽.
32. 존 헬리웰 외 2 명, 우성대 외 3 명 옮김, 앞의 책, 17 쪽.
33. 이정전, 앞의 책, 213 쪽.
34. 오연호, 앞의 책, 106~107 쪽.
35. 존 헬리웰 외 2 명, 우성대 외 3 명 옮김, 앞의 책, 121 쪽.
36. 오연호, 앞의 책, 64 쪽.
37. 윌리엄 데이비스, 황성원 옮김,《행복산업》, 동녘, 2015, 242 쪽.
38. 서울 대학교 행복 연구 센터,《대한민국 행복 지도 2020》,

21 세기북스, 2020, 162 쪽.
39. 마이크 비킹, 이종인 옮김, 앞의 책, 178 쪽.
40. 같은 책, 181 쪽.
41. James B. Allen, 김정호 외 5 명 옮김, 앞의 책, 154 쪽.
42. 같은 책, 153 쪽.
43. 오연호, 앞의 책, 96 쪽.
44. 같은 책, 99 쪽.
45. 김아리 엮음, 앞의 책, 26 쪽.
46. 존 헬리웰 외 2 명, 우성대 외 3 명 옮김, 앞의 책, 123 쪽.
47. 같은 책, 128 쪽.
48. 같은 책, 120 쪽.
49. 같은 책, 124~125 쪽.
50. 같은 책, 126 쪽.
51. 조지 베일런트, 이덕남 옮김, 앞의 책, 438 쪽.
52. James B. Allen, 김정호 외 5 명 옮김, 앞의 책, 348 쪽.
53. 같은 책, 322 쪽.
54. 조지 베일런트, 이덕남 옮김, 앞의 책, 429 쪽.
55. 필립 반 덴 보슈, 김동윤 옮김, 《행복에 관한 10 가지 철학적 성찰》, 자작나무, 1999, 224 쪽.
56. 임정환, 《행복으로 보는 서양철학》, 씨아이알, 2017, 139 쪽.
57. James B. Allen, 김정호 외 5 명 옮김, 앞의 책, 126 쪽.
58. 같은 책, 7 쪽.
59. 같은 책, 6 쪽.
60. 서울대학교 행복연구센터, 앞의 책, 71 쪽.
61. 존 헬리웰 외 2 명, 우성대 외 3 명 옮김, 앞의 책, 71 쪽.
62. 같은 책, 63 쪽.
63. 오연호, 앞의 책, 74 쪽.
64. 이 주제에 관심이 있는 독자들은 《싸우는 심리학》(김태형,

서해문집, 2013) 을 참고하라.

65. 이정전, 앞의 책, 136 쪽.
66. 사랑과 존중을 기준으로 말하자면, 평등 수준이 높은 자본주의 사회는 서로를 존중하는 사회일 수는 있지만 서로를 사랑하는 사회가 되기는 어렵다는 것이다.
67. James B. Allen, 김정호 외 5 명 옮김, 앞의 책, 216/223 쪽.
68. 같은 책, 217 쪽.

第四篇　寻找真正的幸福

1. 정동섭, 《행복의 심리학》, 학지사, 2016, 30 쪽.
2. 존 헬리웰 외 2 명, 우성대 외 3 명 옮김, 《UN 세계 행복보고서 2019》, 간디서원, 2019, 38 쪽.
3. 정동섭, 앞의 책, 277~278 쪽.
4. 이 주제에 관심이 있는 독자들은 《싸우는 심리학》(김태형, 서해문집, 2013) 을 참고하라.
5. 정동섭, 앞의 책, 277 쪽.
6. 양곤성, 《십 대를 위한 행복 찾기 심리 실험실》, 팜파스, 2019, 253 쪽.
7. 대니얼 길버트, 최인철 외 2 명 옮김, 《행복에 걸려 비틀거리다》, 김영사, 2006, 52 쪽.
8. 정동섭, 앞의 책, 105 쪽.
9. 에리히 프롬, 김병익 옮김, 《건전한 사회》, 범우사, 1999, 293 쪽.
10. 이에 대한 자세한 논의는 저자의 저서인 《트라우마 한국사회》(김태형, 서해문집, 2013),《대통령 선택의 심리학》(김태형, 원더박스, 2017. 등을 참고하라.
11. 미셸 포쉐, 조재룡 옮김, 《행복의 역사》, 이숲, 2020, 206 쪽.

12. 정동섭, 앞의 책, 286 쪽.
13. 오연호, 《우리도 행복할 수 있을까》, 오마이북, 2014, 110 쪽.
14. 같은 책, 106~107 쪽.
15. 필립 반 덴 보슈, 김동윤 옮김, 《행복에 관한 10 가지 철학적 성찰》, 자작나무, 1999, 129 쪽.
16. 같은 책, 276 쪽.
17. 같은 책, 262 쪽.
18. 오연호, 앞의 책, 29 쪽.

后记　实现真正幸福的方法

1. 《세계일보》, 2015 년 1 월 29 일 자.

参 考 文 献

- 길버트, 대니얼, 최인철 외 2명 옮김, 《행복에 걸려 비틀거리다》, 김영사, 2006.
- 김선욱, 《행복의 철학》, 길, 2011.
- 김아리 엮음, 《올 어바웃 해피니스》, 김영사, 2019.
- 네틀, 대니얼, 김상우 옮김, 《행복의 심리학》, 와이즈북, 2006.
- 데이비스, 윌리엄, 황성원 옮김, 《행복산업》, 동녘, 2015.
- 드워킨, 로널드 W., 박한선·이수인 옮김, 《행복의 역습》, 아로파, 2014.
- 래스, 톰·하터, 짐, 유영만 옮김, 《무엇이 우리를 행복하게 하는가》, 위너스북, 2014.
- 반 덴 보슈, 필립, 김동윤 옮김, 《행복에 관한 10가지 철학적 성찰》, 자작나무, 1999.
- 베일런트, 조지, 이덕남 옮김, 《행복의 조건》, 프런티어, 2010.
- 비킹, 마이크, 이종인 옮김, 《그들은 왜 더 행복할까》, 마일스톤, 2018.
- 서울대학교 행복연구센터, 《대한민국 행복지도 2020》, 21세기북스, 2020.
- 서은국, 《행복의 기원》, 21세기북스, 2014.

真正的幸福

- 쉴트함머, 게오르크, 최성욱 옮김, 《행복 Gluck》, 이론과실천, 2014.
- Allen, James B., 김정호 외 5 명 옮김, 《행복심리학》, 시그마프레스, 2019.
- 양곤성, 《십 대를 위한 행복 찾기 심리 실험실》, 팜파스, 2019.
- 오연호, 《우리도 행복할 수 있을까》, 오마이북, 2014.
- 이민규, 《행복도 선택이다》, 더난출판, 2012.
- 이정전, 《우리는 행복한가》, 한길사, 2008.
- 임정환, 《행복으로 보는 서양철학》, CIR(씨아이알), 2017.
- 전병주, 《행복한 나라에서 살면 나도 행복할까 ?》, 앤의서재, 2020.
- 정동섭, 《행복의 심리학》, 학지사, 2016.
- 크리스태키스, 니컬러스 · 파울러, 제임스, 이충호 옮김, 《행복은 전염된다》, 김영사, 2010.
- 탁석산, 《행복 스트레스》, 창비, 2013.
- 포쉐, 미셸, 조재룡 옮김, 《행복의 역사》, 이숲, 2020.
- 프롬, 에리히, 고영복 · 이철범 옮김, 《소유냐 삶이냐 / 사랑한다는 것》, 동서문화동판 (동서문화사), 2008.
- 김병익 옮김, 《건전한 사회》, 범우사, 1999.
- 호연심리센터 옮김, 《정신분석과 듣기 예술》, 범우사, 2000.
- 헬리웰, 존 외 2 명, 우성대 외 3 명 옮김, 《UN 세계 행복보고서 2019》, 간디서원, 2019.